奇跡と軌跡

長野　敏

ブックウェイ

はじめに

私の人生には「突然の事故」など起きるはずがない。そう思っていた。いつも不慮の事故は、私以外の誰かの身の上に起きるもので私には関係ない。そう思って生きてきた。ところが、誰にでも思いがけない不幸は降りかかることがあると実感してから、いつも不幸せの影におびえている自分。私は大丈夫という神話はあっさりと覆されて、誰の身にも起こって不思議はないのだと分かった。

だから今日を生きていることを、ありがたいと思える。死ななかった息子が、成長していることが感謝だと思える。

時々、もしかすると息子はあの日、死んだのではないか。私は、あまりの悲しみに現実を受け入れることができない哀れな母親で、あの日からずっと夢を見ているのではないかと、怖くなることがある。どうか夢なら醒めないで、どれほど願って過ごしてきたことか。

そのうちに気まぐれな死神の気が変わって、私の息子を迎えに来るのではないかと怯えた日々。

いや、息子は確かに命を救われて、今も生きている。事故から十年が過ぎた今になって、やっと自分の足で立つことができるようになった。長い道のりだったようでもあり、あっという間のことであったようでもあり。しかし、そろそろ息子は私の助けを必要としなくなっている。自分の翼で飛び立とうとしている。

平成二十七年十一月吉日

著者記す

奇跡と軌跡◎目次

第一章　奇跡

【突然の事故】

二〇〇二年七月三十一日。

事故は起きた。

その年の二年前に私は離婚して、公営住宅の五階に引っ越してきて一年半が過ぎていた。

長女の佐織が高校三年生、長男の宏人が小学校六年生、次男の治人が小学校一年生の夏だった。

宏人は小学校の二年生の時からずっと続けているサッカーが大好き。

小学校最後の夏休みもサッカーの合宿に参加して真っ黒になって帰ってきたかと思うと、もう次の日にはスポーツ少年団の試合に参加して、少し疲れていたのかもしれない。三十一日は朝から熱を出していた。

「三十七度五分あるね。お母さん昼に一度帰って来るし寝といてね。」

そいうって、半年前に熱を出した時に病院でもらった風邪薬を飲ませ仕事に出掛けた。

その後、お昼に一度家に帰り宏人と一緒に昼ごはんを食べた。

「具合はどう?」

私が聞くと

「うん、しんどいけど寝てたし。」

と言った宏人の顔は少し辛そうにも見えたが、熱を出しても一人で寝ているのはいつもの事

だったので、その時も特に心配もせず、

「夕方、病院に行こう。さっき薬局で風邪薬を買ってきたし、これ飲んで寝といてな。」

宏人に薬を飲ませると、私はまた仕事に戻った。

その時の会話が、事故を起こし重態になる宏人と交わす最後の言葉になろうとは思いもせずに「早く帰るからね。」と言って、宏人を一人家に残し出かけた。

夕方五時、宏人から電話があった。

「お母さん、すごくしんどくなってきた。」

きっと心細くなってきたのだろう。

「分かった。できるだけ早く帰るからね。」

それは、宏人からのサインだったかもしれない。その後に起きる恐ろしい事故の前触れだとも知らず。あの時、すぐに家に帰っていれば避けられた事故だったのではないか。その後、何度となく私を苦しめた後悔の思い、今さらどうすることもできないと分かっていても消えることはない。

帰りの電車を降りた時、自宅から携帯に何度も電話がかかっていることに気づく。

……熱が上がっているのかもしれない。

そう思って家に電話を入れるが誰も出ない。宏人が電話に出られなくても、学童保育に行っていた治人が帰っているはずなのに。

……おかしいな……

二度、三度。電話を鳴らすが応答がない。にわかに不安になり、自転車置場に急いだ。ちょうど自転車を出そうとした時に携帯がなる。自宅からだ。

「もしもし。どうしたん?」

電話に出た治人の声は震えていた。

「お母さん、今、お兄ちゃんが五階から落ちた……どうしよう。」

一瞬、治人の言葉が理解できなかった。

……落ちた。五階から……どういうこと……。

治人の言葉を頭の中で繰り返す。

…………………………

「隣のおばちゃんを呼んで。救急車を呼んでもらって。すぐ帰る。」

携帯電話に向かって悲鳴のような声をあげ、言い終わらないうちに走り出していた。

宏人は高熱を出し異常行動を起こしてしまったのだ。胸の鼓動が早まり体が震えた。異常行動は、このときが始めてではなかったから、その状況は容易に想像できた。

……二月と同じ事が起きている。

宏人は、二月にも熱を出し異常行動をおこし、五階から飛び降りようとしていた。同じ事がおきてしまったのだ。

タクシー乗り場に急ごうとするが足がもつれて思うように走れない。長い列を作った車の先頭まで行けそうにない。目の前で順番待ちをしているタクシーの窓をたたき

「すみません。急いでいるので乗せてください。」

かすれ声で言うと、開いたドアからタクシーに転がり込んだ。

「市営住宅まで、急いでください。」

その慌てように運転手さんも、様子が普通でない事を察してくれたようで

「はい。」

と、だけ言うとアクセルを踏んでタクシーは走り出した。走るタクシーの中で、宏人は死んでいると思った。

……生きていてほしい。宏人は死んだりしない、あの子は大丈夫だ。

心のどこかで、そう叫んでいた。

……でも、五階から落ちたのよ。生きているなんて事……

信じたい気持ちを自分で否定していた。もう、命はない。覚悟しておかないと……自分に言い聞かせた。そして、なぜ、今日、仕事に行ってしまったのかと……

タクシーの中で思わず
「わーっ。」

と叫び、頭を抱えて体を九の字にし、狭いソファーにしゃがみ込んだ。

……とにかく救急車を呼ばなくては、
小刻みに震える指で携帯を取り出し一一九番に電話する。

「もしもし、子供が五階から落ちました。すぐ来てください。場所は……」

ひと息に言うと、急にノドがカラカラになり、心臓を打つ鼓動が早くなって息苦しくなってきた。席の背もたれに寄りかかって、なんとか息をする。

「子供が怪我したんか？　急ぐわ。」

運転手さんは、そう言うとアクセルを踏み込んで近道をしてくれた。走る車の中で五階から落ちた宏人の事を考えて震えていた。

タクシーが団地に着くと、白い救急車の車体が見えた。そして、たくさんの人だかりが。

慌ててお金を払おうとするが、財布が出てこない。気持ちが焦れば焦るほど小さなカバンの中で財布が逃げていくようだ。

「お金は、もうええ。早く行ったげて。子供さんがようなったら、この近くの「まさ」ゆう居酒屋に持って来てくれたらええ。」

そういうと、タクシーのドアが開いた。タクシーから飛び降りる。人だかりの向こうに横たわった宏人の姿が小さく見える。落ちたのが団地の裏側ならと思っていた。そこには桜の木があった。ひょっとして、桜の木がクッションになってくれていないかと期待していたが、宏人は期待に反して団地の表側から落ちていた。表にはクッションになる物は何もない。真っ逆さまに落ちてしまっていた。目に映る宏人は微動だにしていない。

「キャー。」

叫び声を上げると、その場にしゃがみ込んでしまった。人だかりが一斉に私の方を見る。怖くて顔を上げることも、宏人の傍に駆け寄ることもできない。

……だめだった……

その思いだけが体中を巡っていた。

「しっかりして、宏人くんは生きてるよ。今から救急車で病院に行くからね。」

そう言って、近所の人が肩を抱いてくれたが。取り乱している私には聞こえてこなかった。

「宏人が、私のせいで……。私のせいやわぁ。」

半狂乱になって、叫ぶばかりの情けない母親。

「しっかりしぃ。宏人君は生きてる。大丈夫や。」

誰かが、私の肩を大きく揺さぶってそう言ってくれた。

……宏人が生きている。

微かに聞こえるうめき声。救急隊員の担架に乗せられ救急車の中へ運ばれる宏人。赤い回転灯を回しながら、止まったままの車。搬送先の病院がなかなか見つからず動き出すことができない。

……早く。早く……

気持ちばかりが焦って、動きださない車に苛立ちを感じる。その間たぶん数分間。長い時間が流れたように感じられた。

「これから、救命センターに向かいます救急車に乗ってください。それから、どなたか付き添いをお願いします。」

私は近所の人に抱きかかえられるようにして、救急車に乗り込んだ。目の前には、ベッドに横たわる宏人。苦しそうにうめき声を上げている。

……早く病院について、早く宏人を助けて。宏人は生きている。この命が尽きてしまわないうちに、急いで。

と、思うばかりだった。

【二月に起きたこと】

宏人が転落事故を起こす半年前の二月……

同じような事が起きていた。その日、朝から高熱を出し午前中に病院へ行き、インフルエンザと診断され点滴をしてもらい薬を処方されて家で寝ていた。

平成十三年の事で、その当時インフルエンザの検査キッドもなかったし、タミフルという薬の名前も知らなかった。この時、すでにタミフルが病院で処方されていたとしたら、その薬を飲んでいたかもしれない。

タミフル……という薬名をニュースで耳にしたのは、すでに事故から二年が過ぎた頃だった。その薬の副作用による異常行動が、宏人が起こした異常行動とあまりに似ていたので、ニュースを聞いたときは、本当に驚いた。すぐに当時診察を受けた病院に問い合わせれば、薬がなんであったか分かったかもしれない。しかし……

……もう、いい。

と思った。薬が何であったか調べたところで何になるのか。ケガをしてから、その原因を調べるためにどれだけの病院を訪ね歩いたことか……。何処へ行っても異常はない……。そう言われた。

二月に処方された薬がタミフルであったとしても違っていたとしても、事故が起きた事実を消すことはできない。もう、薬が何であったか調べるのに奔走する気力もなかった。

…………

二月に起きた宏人の異常行動。

その夜。高熱を出し、解熱剤を飲ませてもすぐに吐いてしまい熱は、なかなか引かなかった。しんどいと言って寝ていた宏人が、突然起きてきて、冷蔵庫から納豆を出してきたかと思うと、それを乱暴にテーブルの上に置き、イライラした様子で部屋の中をグルグル回り始めた。

「どうしたん？」

声をかけたが無視するように、こちらを見ようともせず台所を出て行った。玄関のドアが開く音がして宏人が外へ出て行ったのが分かった。

……熱で体が熱くて、外の風に当たりたかったのかな……。

そう思い宏人の事を気にも留めなかった。さっき解熱剤を飲ませてすぐに嘔吐してしまい、薬をもう一度飲ませようか迷っていた。

「せっかく飲んだ薬を吐いてしもうたね。どうしよう。もう一回飲む？」

私がのん気にそういうと、

「もうええわ。寝る。」

そう言って私に背を向け布団にもぐり込んでいた。その時の事を思い出し、きっと怒っているのだろうな。でも熱があるのだから寝かせないと……

と私が玄関のドアを開けたときには、宏人は、すでに廊下の手すりを乗り越えようとしていた。

「宏人、やめて。」

　叫びながら宏人の体にしがみつき引きずり降ろした。転がり落ちるように廊下に降りた宏人は私の手を振り払うと、私を無視してベランダへ……。慌てて後を追う。ベランダのガラス戸が開く音がした。私がベランダに出ると、宏人はもう手すりによじ登り飛び降りる寸前だった。

「宏人。ダメよ。」

　必死で宏人の体を抱くと、この手を離すことができない、そのまま二人部屋に転がり込むと私の手から逃れようとする宏人の体を満身の力で抱きかかえた。

……今度、手を離したら、きっと飛び降りてしまう。

「宏人、どうしたの。しっかりして。」

「落ちたらダメ。」

「死なんといて！」

　大きな声で叫ぶ私の声は、宏人には届いていないようだった。何を言っても答えてくれない。

……まるで、別人のようで、人間というよりも私の手から逃れようとする獣のようだった。

　その間、宏人は一言もしゃべらず、

「うう。うう〜。」

　とうめき声を上げるばかり。二人、部屋の中で転がったまま、どれくらいの時間が流れただろうか。玄関が開き佐織が帰ってきた。

「治人！　お姉ちゃんに救急車を呼んでもらって！」

「早く！」

……そういうのが精一杯だった。

宏人は相変わらず私の腕から逃れようと暴れている。その様子を見た佐織はすぐに救急車を呼んでくれた。

「宏人。死んだらダメ。」

「せっかく生まれてきたのに。どうして！」

そんな事を叫び続けたが、まるで言葉が理解できないかのように暴れるばかりだった。やがてサイレンの音が遠くで聞こえてきた。その音はだんだん近づいて来て止まった。

「宏人、もう大丈夫よ。病院に行こう。」

そういうと、宏人の体から何かが抜けるように、私の手を振り払おうとしなくなり大人しくなっていった。

……あの時間はなんだったのか。まるで何かに憑りつかれたようだった。救急隊の人が上がって来たときには、もう何事もなかったような宏人。取りあえず病院に連れて行ってもらい診察を受けたが、医師も特に異常はないと言う。

「学校でイジメがあって自殺をしようとしたのでしょうか？　思い当たるところはありませんか？　今日は、このままお帰りいただいて心配なら後日外来で受診を。」

と、言われた。あの異常行動を見ていない医師には、そう言うしかなかったのかもしれない。しかし、明らかに普通でなかった宏人の様子は、精神的な異常があったのではないかと私を不安にさせた。医師がいうようなイジメは、まずないと確信していたし、自分で飛び降りようとした行動は、宏人の中に潜む何か違ったものが、そうさせていたとしか思えなかった。そして不思議な事に、宏人は自分の起こした行動を覚えていなかった。

……なんだったのか……

分からないまま、家に帰り眠れない夜を過ごした。

……また、おかしな事を起こしはしないか。

心配でもあった。宏人は離婚した父親から虐待を受けて育っていた。その事と今回のことは、何か関係があるのではないか。半ばそう決め付けていた。精神的に辛かった幼い頃の閉じ込められていた気持ちが、一気に噴出したのではないだろうか。だとすると、また同じ事が起こるかもしれない。体がブルッっと震えた。横で寝息をたてる宏人のことが心配で一睡もできないまま朝が来た。

救急で運ばれたとき病院で

「改めて外来で心療内科を診察されるか、福祉事務所に相談されてはいかがでしょう。」

と言われていたので、精神的なことが原因だとしたら、福祉事務所に相談したほうがいいだろうと思い電話を入れてみる。

「子育て相談室に来られては。」

言われるままに子育て相談室に行き子供の頃の事なども含めて事情を話す。宏人とも面談をしてもらう。何度か子育て相談室を訪れて宏人の精神状態を観察してもらいカウンセリングも何度か受けてみた。しかし、特に心配するような所見はみつからず。

「特に心配するようなことは、ないようですが。」

と言われていた。

……じゃあ、あの異常行動は何だったのか。

その疑問は消えないまま、数回のカウンセリングを繰り返したが、そのうちだんだん足が遠のいていた。

事故が起きた。七月三十一日も宏人と一緒に昼食を食べ、仕事に行く前に私は一人で子育て相談室を訪れている。

「どうですか？　その後の子供さんの様子は。」

「はい。特に変わったところはないようです。今日は熱を出して家で寝ているので、早く帰ろうと思います。」

「そうですか。お大事になさってください。」

私もカウンセラーも、熱に対してはまったく無警戒だった。

まさか、高熱が引き金になって、異常行動が起きていたとは、まったく気がついていなかった。

【生きていてくれて、ありがとう】

あの日、宏人を乗せた救急車が向かったのは、京都御所近くにある総合病院だった。私の家から車で四十分はかかる。

サイレンを鳴らしながら走る車内で宏人の体に付けられた心音を測る機器が、宏人の心臓がまだ動いていることを教えてくれていた。

……この、画面に出ているハートのマークが点灯しなくなったらおしまいだ。どうか、止まらないで……早く病院に連れて行って。

救急車から響くサイレンの音と、交差点に入る度に聞こえる警告音。それにスピードをあげて走る車体の揺れ。

……どうか、早く。

幾つかの交差点を曲がり、どれくらい走っただろうか。病院へは、なかなか着かず不安で小刻みに体が震えた。恐ろしく長い時間が流れ、やっと病院に着いた。

宏人は苦しそうにうめき声を上げているが生きている。もう、大丈夫だ。そう思ってしまったのは、かなり浅はかだった。

担架で病院の中へ運ばれた宏人は、待ち構えた医師達によってすぐに検査が行われた。運ばれた病院が分かると、知り合いの人たちも駆けつけてくれて、扉の中で行われている検査をジッと待っていた。しばらくして看護師に呼ばれ、友人に付き添われて処置室に入る。そこには何枚ものレントゲン写真が。どの写真もきれいだった。

「幸い、今のところ内臓に損傷はみられません。」

……よかった、宏人は助かった。

しかし、医師は言葉を続けて

「今は、ゆで卵が高い所から落ちて何とか形を保っている状態ですから、中身はつぶれているはずです。これから内蔵からの出血が始まると思われます。最善は尽くしますが油断はできません。」

その言葉を聞くと私はフッと意識が遠のきそうになった。宏人の体からは一滴の血も流れ出てないのに……なぜ。外傷もなく綺麗な体をしている宏人の命が予断を許さない状況だと医師は言うのか。助かったと思ったのも、束の間。生きている宏人の命が危険な状態だと告げると、医師は一礼して二階にある集中治療室へと消えていった。

「よろしくお願いします。」

そう言って頭を下げたのは、私ではなく付き添ってくれた友人だった。

「しっかりして、さぁ。私たちも二階へ行くよ。」

ぼんやりとしたまま立ち上った私は、引っ張られるようにして二階の待合室へ。そこで呼ばれるのを待った。看護師が緊張した面持ちでドアを開け
「集中治療室に入る前に面会してあげてください。」

と言ってくれた。病室には、苦しそうにしている宏人がいた。その唇は真っ青だった。宏人に付き添った看護師は
「名前が言えますか？」

と、何度も大きな声で宏人に尋ねていた。体をよじりながらも何とか自分の名前が言えた事を確認すると
「声を掛けてあげてください。」

そういうと、看護師は一歩後ろへ下がっていった。集まってくれた人たちが、宏人を囲む。

「宏人君、分かる。がんばって。」

「皆が付いてるからな。がんばれ。」

その言葉は宏人に届いているようで、小さく頷いてくれた。私も宏人のベッドのそばに行き
「宏人。がんばって。生きていてくれてありがとう。がんばって。ずっと付いているから。」

宏人は、しっかりと頷いた。

……宏人は、きっと大丈夫だ。

そんな気がしていた。

「では、集中治療室にはいります。」

そう言うと、看護師はストレッチャーを押して、宏人を集中治療室の中へ連れて行き。大きな扉が閉められると、もう中の様子も宏人の様子も分からなくなった。私たちに出来ることは、待合室で宏人の無事を祈ることだけだった。

時々、廊下を走る人の靴音が聞こえ、開けられた待合室のドアから輸血用の血液を持って急ぐ看護師の姿が見える。その様子は、宏人がかなり危険な状況にあることを私たちに教えていた。

狭い待合室は、宏人の事を心配して集まってくれた友人や小学校の先生、宏人の兄弟、父親でいっぱいになった。時間はゆっくりと流れ、このひと時ひと時が宏人の命を取り戻すために流れていく。そう信じて詰めてくれた人たちも帰ろうとせず、じっと宏人の命が繋ぎ止められることを祈ってくれていた。

医師に呼ばれたのは、夜半過ぎだった。白いマスクをゆっくり外しながら、待合室の外で医師

は言った。

「今、出血がひどく輸血が間に合わない状態です。体の血液はもう七分の一ほどになっています。手を尽くしていますが、危険な状態です。」

内臓からの出血が止まらなくなっていた。初めに医師が言ったとおり、形は綺麗でも宏人の内臓はつぶれていたのだ。血液というのは、流れ出る速さに合わせて入れることができないという。ザーッと流れ出る血液の量は輸血できる血液の量をはるかに超えていた。非常に危ない状態。重い沈黙が流れた。

……どうか、死なないで。

でも、不思議と涙はでなかった。息を詰めるようにして祈る。助かることだけを信じて祈る。涙は諦めた証。だから涙は流さない。信じて、宏人の無事だけを信じて。集まってくれた人達の祈りは一つになっていた。

……宏人が朝を迎えることができるように……と。

【一夜明けて】

宏人の容態が良くないと告げられてから朝が来るまでの時間。私も周りの人達も、気持ちのどこかに「覚悟」という文字を胸のうちに秘めていたように思う。

沈黙の中で時間が過ぎていく。諦めずに命が明日に繋がっていくことを信じる。小さな待合室の中で、ひと時ひと時を宏人のいる集中治療室に向けて「がんばれ」と祈る。あの時、なくなりかけた命を取り戻すことができたのは、医師の懸命の治療と祈りだったと信じている。集まってくれたどの人も気を抜かず気持ちを一つにして

……きっと、助かる……

と信じていた。

……それ以外の事を考えてしまうと、命を取り戻すことができない。

そんな空気があった。しかし長い間祈っていると、どうしても不安に襲われることもあった。それは、どの人もフッと感じてしまう、ほんの一瞬のことで、それは黙っていても同じように感じてしまうものだったようだ。そんな時は

「そうそう。俺も学生の時に大怪我をして死に掛けたことあったけど、こうして生きてるしなぁ。」

と誰とはなしに、諦めそうな気持ちを立て直させてくれる一言を言ったりした。不思議と小さな空間で同じ思いを持つもの同士、お互いの心が分かり合えてしまっていた。

集中治療室でどんな治療が行われ、宏人がどんな状態でいるのか、まったくわからないまま時間だけが過ぎて行く。できることなら宏人の手を握りしめてやりたいと思うけれど、それも叶わ

ない。私は閉ざされたままの大きな扉の前で宏人の事を考えていた。

小さな時から手のかからない子だった。

走るのが得意で、まるでカモシカのように走っていた。

弟の面倒もよくみてくれる優しい子だった。

そんな、宏人の命を失う訳にはいかない。

何もしてやれないなか、深夜ではあったが、知り合いのお寺に電話して状況を話し、宏人の命が救われるように御祈念をお願いした。それが親として宏人にしてやれる唯一のことだった。

どれほどの時が過ぎたのだろう。白み始めた外の様子が窓ガラスに映り、朝が近づいたことを私たちに教えていた。静まり返った外からは、人の動きが始まったことを知らせる生活音が少しずつ聞こえてきた。バイクの走る音。車のエンジン音。アスファルトを蹴って歩く小さな気配。

……宏人の命を夜から朝へ繋ぎ止めることができた。それを教えてくれる音の重なりだった。

八時過ぎ。医師から説明があった。

「今はまだ予断を許さない状態ですが、まずは一晩持ち堪えることができました。まもなく専門の先生が来られますから、詳しい説明を聞いてください。」

私達は医師に深く頭を下げた。一晩中一睡もせず宏人のために力を尽くしていただいた。

「ありがとうございました。」

お礼を言った。他に言葉はなかった。心の底から沸き上がってきた感謝の一言だった。

九時過ぎ、看護師に呼ばれてナースセンターで、宏人を担当してくれる医師から説明を受けた。担当医は救命センターの外科医二人と麻酔科の医師一人。

「よろしくお願いします。」

挨拶が終わり、医師から告げられたことは
「転落により多臓器不全を起こしています。ここ二、三日が山になるでしょう。」

まずは、一晩越えることができたけれど、それは再起へのほんの小さな一歩でしかなかったようだ。医師の説明の後、宏人に面会した。宏人は集中治療室のベッドで、眠っているように目を閉じている。その表情に事故後の苦しみは伺えなかった。

……いつもの顔で……

しかし、事故は確かに起こり、宏人の体は壊れかけていた。手にも足にも点滴の針が付けられ管を通して投薬が行われていた。口には人工呼吸器が……、宏人が息をして胸が膨らむたびに取り付けられた装置から乾いた音がスーッ……トン……と一定の時を刻んでいた。

「今は、生きているとは言えない状態です。装置によって生かされていると言った状態です。」

その言葉は、いつ宏人の命が終わってもおかしくない。という事を意味していた。医師は淡々と宏人が置かれている状況を説明してくれた。

確かに、宏人は命を取り戻したと言うよりも、なくなりかけている命を繋ぎ止めている……それがよく分かった。

繋ぎ止めている命が、再び未来に向かって延びていく命であってほしい。

そう願っていた。

【はじまり】

宏人の転落事故から一夜明けて、カレンダーは7月から8月に変わっていた。

しかし、宏人が事故を起こしてから私の中では季節も時間も、今も過去も未来もなくなっていた。この一瞬一瞬こそが全て。今、この時、集中治療室のドアが開いて

……すぐ中へ……

と言われた瞬間に、私は大切な物を失うことになる。その恐怖にまとわり付かれていたが、不思議と悲壮感はなかった。きっと宏人は助かる。そう信じていたからかもしれない。

私の知り合いには、我が子を亡くした人もいた。どの人も、突然の事故で……知らせが来たときには、もう息がなかったと言う。私の所に子供さんの訃報が届いたのは、亡くなってかなりの時間が過ぎてからだった。自分ごとのようにショックだった。なぜ、子供の命が無情にも母親や肉親から奪われなくてはならないのか。悲しい知らせを聞くと涙が止まらなかった。

そして、今、我が身に同じ事が起きようとしている。しかし、まだ私と宏人は命の糸で繋がっている。その糸を必死でつかんでいた。この糸を離す訳にはいかない。必ず宏人を取り戻す。強くそう思っていた。だから悲壮感や絶望感に飲み込まれることはなかったのかもしれない。

朝が来て、一緒に宏人の身を案じてくれた人達には

「何かあれば、すぐに連絡するから……」

そう言って、一晩眠らずに宏人のために待合室で過ごしてくれたことに感謝した。どの人の顔にも、まずは一晩越すことができた。と言う安堵感と、まだ油断できない。という緊張感からか、疲れは見えなかった。とは言え眠らずに仕事に行く知人達の体を心配せずにはいられない。

「本当にありがとう。きっと宏人は大丈夫だから、気をつけて帰ってね。」

そう言って、気持ちを宏人の方から日常生活に切り替えてもらい病院を後にする姿を見送った。

その後、時間のある友人が何人か残ってくれたことが、私はとても心丈夫だった。

医師に呼ばれたのは、ガランとした待合室で、何となく緊張した気持ちが緩みかけた昼過ぎ。

「肝臓の中で出血している事が分かりました。このままでは膨らみすぎた風船が破裂するのと同じ事が肝臓で起きてしまいます。すぐに出血を止める手術をしなくてはなりません。出血している血管に管を通して出血個所の手前に栓をします。しかし、子供の血管は細くて弱いので途中で

血管が破裂することが考えられます。かなり危険な手術になりますから、すぐにご家族の方を呼んでください。」

……肝臓の中で出血……家族を呼ぶ……

医師の話を聞きながら、胸の鼓動は早く強くなっていった。

「では、用意ができしだい手術を始めます。時間は三十分くらいです。」

一礼して立ち上がった医師に
「よろしくお願いします。」

頭を下げると、慌てて待合室に戻り、事情を友人に伝える。すぐに学校に電話を入れてくれた。

「家に電話して。」

友人に言われ慌てて携帯電話もって外に出る。子供達に電話をし、

「すぐに来て、宏人が危ないから。」

叫ぶように言うと、宏人の父親にも電話する
「宏人が危ないからすぐに来て。タクシーで……途中で子供を拾ってすぐに来て。」

それだけ言い電話を切る。喉がカラカラになって目に映る景色から自分がどんどん遠ざかっていくような気がした。自分の気持ちが現実から乖離していく。宏人を失ってしまうかもしれない。

そう思うと魂が現実から逃避しようとするかのように手に触れる花さえもはるか彼方の存在に思

える。

「手術が始まるから。待合室に戻って。」

携帯電話を持ったまま、動けなくなってしまった私を友人が呼びに来てくれて、やっと現実に戻ることができた。

……今、しっかりしなくては……

自分に言い聞かせた。

駆けつけてくれた人たちと、息を殺すようにして、じっと待った三十分間。

待合室のドアが開き医師が姿を見せた時には、緊張感で体がこわばった。しかし、その表情を見て、張り詰めた糸が緩むように、息をするのが少しだけ楽になった。

「手術は無事に終わりました。」

……よかった……

知らせを待っていた知人達も、肩の力が抜けて深呼吸をし
「よかった。」

そういって、微笑み合い無事を喜んでくれていた。

「先生、ありがとうございました。」

深々と頭を下げて、お礼を言った。

しかし、これは宏人が再起への道を歩みだした一歩にすぎなかった。

【待合室】

その後、宏人の容態は良くもならず悪くもならず、時間だけが過ぎていった。薬で眠っている宏人の体は、時が経つにつれて浮腫《むく》んでいき、顔も手も二倍くらいになっていた。腫れあがった体で眠り続ける宏人。医師は相変わらず

「状況は良くならない。」

を繰り返すだけ……

血液中の酸素濃度が上がってこない。という事は体にとって大切な酸素を取り込む力もない。ということだった。ただ、幸いに、体の中で大出血を起こしたせいで、お腹はパンパンに膨れ上がり、その腹圧でなんとか、潰れた内臓が形を保っている。今は投薬によって内臓の機能が改善するのを待つしかない。そんな状況だった。

宏人の事があるまで、病院とはほとんど無縁で生きてきた。ケガや病気に対して何の知識も関心もなかった。悪いところは切って縫って治せる。くらいに思っていたので、ただ待つしかないという事が信じられなかった。

七月三十一日。その日から、私は病院を離れることが出来なくなり、待合室が私の生活の場所

になった。

　宏人の運ばれた救命センターは、随分古い建物で廊下も待合室も全体がくすんだような印象があった。狭い廊下には、ベッドが置かれていたりして、誰かとすれ違う時には、体をよじらなければならないほどだった。二階の一番奥に集中治療室があり、そのドアから狭い廊下が続いていて、両側に病室や待合室、倉庫などがあった。

　宏人には日に二回面会できるだけで、後は待合室に居るしかなかった。医師からは一日一回病状の説明があったが、期待できるような話は聞けなかった。

　病院に張り付いた生活が、一日、二日……と続くうちに待合室には私の荷物が日に日に増えていった。友人が不便だろうからと言ってクーラーボックスを持ってきてソファーの傍に置いてくれた。毎日行く銭湯の洗面道具を揃えてもくれた。そのうち着替えを入れたボストンバッグが二つ、食事用にコップや果物ナイフも揃えられて、待合室に住み着いた新種の浮浪者のような有様だった。

　十畳くらいの待合室には両側の壁際にソファーが二つ置いてあり、その一つを完全に占領してしまっていた。ソファーで眠り、起きて食事を摂り、本を読んだ。そして、不安になると必死で千羽鶴を折って過ごした。毎日、誰かが必ずお見舞いに来てくれたので、寂しくはなかった。世間話をして気が紛れたことも、長い事、待合室で宏人を案じて過ごす私の気分転換になった。救命センターに運ばれてから一週間余りの間は、何の変化もなく、ただ待つだけの息苦しい生活だったが。それを支えてくれたのは、友人達の温かい心遣いだった。

【涙】

　待合室で、宏人の容態を案じながら一日、一日が過ぎていく。待合室にじっとしていたのでは体にも良くないので、毎朝早朝の散歩に出掛けるのが日課になっていた。近くにあるコンビニで新聞と朝食のパンを買い、それをもって近くの京都御所まで歩く。夏の朝は、まだ湿度も低めで朝日がキラキラ輝いて気持ちいい。ジョギングする人、犬の散歩をする人、たくさんの人が、清々しい空気を楽しんでいた。そんな中を私は一人、緑に目をやりながら歩いた。宏人にもまた、この美しい緑の木々を見せてやりたい。もうすぐ、体の具合が良くなって、車椅子でもいい。広々とした御所の中を歩く私と宏人の姿を想像して歩く。

　そんな朝を何回繰り返しただろう。ある日の朝、いつものように散歩に行く用意をしていると、看護師が待合室にきて

「宏人くんと面会されますか？」

　と、聞いてくれた。朝の時間は忙しいのでほとんど面会させてもらえることはなかったが、その時は、たまたま集中治療室には宏人が一人いるだけだった。

「こんなことは珍しいんですけど、今、他に患者さんがいらっしゃらないので。」

と、看護師も笑っていた。集中治療室に入る前には、必ず手洗いをして白衣に着替えスリッパを履きかえる。ガラスの扉が開くと、宏人のベッドからいつものように人工呼吸器の乾いた音が聞こえてきた。ガランとした集中治療室に響く
……スー……トン。

と言う、その音は宏人が命の時を刻んでいることを知らせてくれていた。

相変わらず体中に付けられた点滴の針、ベッドの上には薬の袋がたくさんぶら下がっている。サッカーで真っ黒になった宏人の顔は腫れあがり、布団の端に見える手も足も風船を膨らませたようだ。

……こんな顔で、もし死んでしまったらあまりにもかわいそう……

そんな事を考えながら、返事をしてくれない宏人に声を掛けた。

「……ひろと……」

もちろん、宏人からは何の返事もない。目をつぶって眠り続けている。黙ってその顔を眺め、懸命に生きようとしているのだと信じて宏人の手を握る。

……宏人、病院の人達も宏人に力を貸してくれているよ。お母さんもずっと、傍にいるよ……

だから、がんばって……

宏人の指先にそんな思いを込めて、何度も手を撫でた。

宏人と私に降りかかった災難を何とか乗り越えなくては……。今までも色んなことを乗り越えてきた。両親に反対されて結婚した私はどんなことも歯をくいしばってがんばってきたつもりだ。仕事をすぐ辞めてしまう夫に失望し長女を出産後からずっと働いてきた。夫は仕事もせず、ブラブラして、機嫌が悪いとその原因を私や子供のせいにし暴力を振るった。それでも、両親に背いたのだから帰れない。と思って耐えてきた。結婚した時、どんなに辛い目に遭っても離婚はしないと心に決めていたから弱音を吐く訳にはいかない。子供も三人になり、がむしゃらに生きてきた。必死だったから辛いと思う暇もなかった。でも、宏人が小学校4年生になったころから、刃物を持って家で暴れるようになり、もう夫を支えられなくなっていた。夫といることは、子供達を傷つけることになってしまう。離婚を決めた時も、自分の中では負けた気がして悔しかった。夫を恨んでもしかたない。私にもいたらない所があったのだろう。私は夫と別れて子供と生きる道を選んだ。それは、正しい選択だったはずだ。

がむしゃらに生きた。結婚生活。必死で生きてきたことに輝きを感じていた。

……私が京都で生きてきた十八年間。何も欲しがらなかった。一生懸命生きてきた自分。なのに、なぜ、今、大事な子供の命を失わなければならないのか……

そう思った時、こみ上げてきたのは、悲しみではなく怒りだった。不思議なくらいに腹が立って、悔し涙がこぼれ落ちた。

「宏人、死んだらあかんわ……。元気になって、お母さんの所へ帰ってきて。」

私が、息子を失う理由がない。

そんなことが、あっていい訳がない。

宏人の枕元で、さめざめと泣いたのは、後にも先にも、この時一回きりだった。流れ落ちる涙は、宏人に掛けられた布団を濡らして、それでも止まらなかった。

……必ず、元気になって、元通りの宏人で帰って来て……

言葉にできない思いが涙になって、宏人の心に届いたのか、眠って意識のないはずの宏人の手が。

……お母さん、わかったよ……

と、返事を返すように、ほんの少し動いた。私はその手を握り締め、

……待っているから……

と、心の中で叫んでいた。

【二人暮らし】

事故は宏人の命を奪おうとしただけでなく、家族の生活そのものを変えてしまった。

私は病院にへばりついたまま家には帰れない。残った長女の佐織と次男の治人二人だけの生活が無理やり始まった。佐織が高校三年生。治人が小学校一年生。それまで家事などしたこともない佐織が掃除洗濯。食事の準備までこなさなくてはならない。

全自動洗濯機の使い方が分からなくて、洗濯機のスイッチを入れたとたんに動き出した洗濯機に驚いて

「洗濯機が壊れた。」

と、慌てて電話してきたこともあった。重さを秤量している事を知らなかったのだ。

夏休みは、バイトに忙しかった佐織が、朝、学童保育所に行く治人のお弁当を作り、夕方帰ってきて晩ご飯の準備をする。強引に環境が変わってしまったのだ。順応するしかなかった。

宏人が入院して一週間ばかりたったころ一度だけ家に帰ったことがあった。まだ治人が学童保育所に行く前で、久しぶりにお弁当を作ってやり、学童まで送って行った。

嬉しそうに手を繋いで歩いていた治人が学童の前まで来ると、私と一緒に病院に行くと言いだした。

「お母さん、僕も一緒に行くわ。」

そう言って、握り締めた手にしがみついていた。

「ごめん。だめなんよ。病院へは連れて行けへんの。」

「なんでなん。僕も行く。」

「だから、今はダメなん。」

「いやや。僕も行く。」

そういうと、治人は泣き出してしまった。

「いやや。僕も行くし。」

必死で泣いて、その場にしゃがみ込んで動かない。

「もう少しだけがんばって、そしたら病院に連れて行ってあげるし。」

泣き出した治人には、何を言っても届かない。今、母が行ってしまうと今度はいつ会えるともしれない不安で胸がいっぱいになったのだろう。我慢してがんばってきていたのが、母親を見るとつい里心が出てしまったようだ。治人の事も気になって顔を見たいと思ったが、辞めておけばよかったと後悔した。

「ごめん。今は無理なのよ。」

そう言うしかなかった。最後は学童の先生に泣き叫ぶ治人を預けて、その場を離れたが、いつまでも治人の鳴き声が耳から離れなかった。

末っ子で甘えん坊だった治人にとって初めは辛い生活だっただろう。それでも、少しずつ佐織と二人だけの生活にも慣れてきて佐織が遅くまでバイトのある日などは、友達が治人と留守番してくれたり、知人の家に治人を預けたり、たくさんの人のお世話になって、いつの間にか治人も親離れできたのかもしれない。

宏人の状態が落ち着いてくると、学童がお休みの日曜日。バイトに行く沙織が駅で治人を電車に乗せ、降りる駅で私が治人を待って病院に連れていったりした。一人で電車に乗ったこともない治人は緊張しただろうが、待ち受ける私も、ちゃんと間違えずに降りて来るだろうか。と改札口で治人を待ちながら、ハラハラした。

佐織からのメールで

……今、治人を電車に乗せたよ……

と連絡が入る。

……了解……

返事を返して治人を待つ。電車に乗って十分ほどで着くはずだ。ホームから人の波が改札口に押し寄せるたびに、その中に治人がいないかと必死で探す。

……次の電車かな……

と、思いながら、まさか乗り越していないか不安になる。次の人の波が押し寄せてきて、大人に混じってリュックを背負った治人が神妙な顔つきで改札を抜けようとするのを見つけると、ホッとした。

「治人。ここ、こっちよ。」

手を振る。私に気づいた治人は、安心したようにニッコリ笑って手を振りかえしている。

「お母さん。僕、今日は電車乗り間違えたと思ったわ。駅一つ止まらへんかってん。」

と、一生懸命に話してくれたこともあった。いつも普通電車に乗っていたのに、その日に限って急行に乗ってしまい。一駅通過したので治人はかなり驚いたようだ。

夕方になると朝とは逆に、私が治人を電車に乗せ、佐織が駅で治人を待っていた。離れ離れに暮らしたことなどなかったので、別れるときは、治人よりも私の方が寂しい気持ちになったりした。最初は離れるのがイヤだと泣いた治人もすっかり佐織と二人の生活にも慣れてきて
「僕のお母さんは十八歳やで。」

と笑って言ったことがある。

「何で?」

と、聞くと
「だって、僕のお母さんはお姉ちゃんやもん。」

と答えていた。どんなことも乗り越えて行けば、泣き顔も笑顔に変わっていくものなのかもしれない。

【待合室②】

宏人が救命センターにいる間、私が暮らした待合室にはたくさんの人が訪れては帰って行った。

救急車のサイレンが聞こえる度に、救命センターの空気が慌ただしく張りつめる。その緊張感は待合室に居る私にまで伝わってきた。

……また、誰かが運ばれてきたんだ……

運ばれて来た人の無事を祈る。救急車は昼夜関係なく入ってくるので、夜中にサイレンの音で目が覚めることもしばしばあった。付き添ってきた人は、診察が終わるまでの間、私が寝ている待合室で呼ばれるのを待つ。自分の部屋のように待合室を使っていた私は、寝る前には待合室の灯りも消してしまったが、本来ひと晩中、誰が来てもいいように灯りは付けておくべきものだったかもしれない。付き添いの家族が待合室に入ってきて、部屋の灯りを付けると、ソファーで寝ている私がまず目に入っただろ。きっと、どの人も驚いたに違いない。毛布をかぶって寝ている私も人の気配と灯りで目を覚ますが、起き上がる訳にもいかず、いつも寝たふりをしていた。

私が眠っているソファーに背を向けるようにして、何人もの人の気配がする。運ばれてきた患者さんの身内の方らしい。病状について、倒れた時の状況について、小声で話し、そのうちすすり泣く声が混じって聞こえる……夕方、会ったときはあんなに元気だったのに……

突然の事に動揺するのは当然のことだろう。私はじっとソファーに横になったままで朝を待つ。

朝が来て、心配して待合室に詰めていた人たちがいったん家に帰って行くのを見計らい待合室を出る。きっと、あの人たちが戻ってくるだろう。状態もあまり良くないような気がしていた。行き場がなくて病院の周りをグルグル回り時間を置いて待合室に戻ると、前にもましてたくさんの人。泣いている人も。

……ああ。ダメだったんだ……

と思い、やるせない気持ちで待合室に入らず、また行く当てもなく、しばらく病院の周りをウロウロして時間をつぶしたこともあった。

また、ある時は、夜中に運ばれた人に付き添ってきたのが、お婆さん一人で、待合室に入ってくると私を見て
「お邪魔いたします。」

と、頭を下げられたこともあった。一人、ポツンと向かいのソファーに座ったお婆さんは、弱りきった様子で体を縮めるようにして座っている。

「お身内の方が運ばれてこられたのですか?」

声をかけないのも気の毒な気がして聞いてみると、不安な気持ちを誰かに話したかったのか、

「はい、妹が急に倒れて付き添ってきたのですが、妹のたった一人の身内の娘と連絡が取れなくて困ってるんです。」

　そう言ってため息をつき
「困りました。」

　を繰り返し突然の事で、どうしていいか分からず、病院まで来たものの自分が妹を置いて帰る訳にもいかない。そう言って、疲れた表情を見せていた。

「どうぞ。」

　きっと慌てて病院まで来て、イスに座ったとたんに一度に疲れがでたのだろう。クーラーボックスからオレンジジュースを出してすすめた。

「ありがとうございます。ちょうど喉が渇いていたので。」

　そう言うとお婆さんはジュースを飲み、たまたま待合室に居合わせた私と世間話をして一夜を明かした。翌日、私が待合室を出ている間に、妹さんの病状も落ち着いたようで一般病棟に移られたらしく、もうお婆さんの姿はなかった。テーブルに
『ご親切にしていただいて、ありがとうございました。娘とも連絡が取れましたので、一緒に一般病棟に移ります。』

と書いた置き手紙があった。

また、お母さんが運ばれてきて、毎日、病院に通って来る男の人もいた。

「母は、心臓が悪く高齢でもあり、もうダメかもしれないと医者から言われている。」

と、話したその人は、自分は日雇いの仕事をしているので長く仕事を休むこともできないが、
だからと言って具合の悪い母を置いて仕事に行く訳にもいかない。と困りきっていた。

……もう、覚悟はしていらっしゃるんだな……

そんな気がしていた。何日か後に
「今日、母が亡くなりました。色々とお世話になりました。」

そう言って帰って行かれた人もあった。

待合室にいた三週間ばかりの間、本当にたくさんの人が、訪れては帰って行った。

ある日、突然、亡くなってしまう命。回復して一般病棟に移る人、色んな人をみたが、どの人も
心配して見守ってくれる人がいる。家族の大切さをとても感じた。

【二週間目】

宏人のケガから二週間が経とうとしていた。相変わらず、体は浮腫んだまま、人工呼吸器もはずせずにいた。医師からは前向きな言葉は聞かれず、ただ日にちだけが過ぎていった。

サッカーで日に焼けた顔が、少し黄色くなったような気がし始めたのは、何日目だっただろう。

……おやっ。顔が少し黄色くなった。

そう感じたすぐ後くらいに医師から言われたことは
「黄疸がきつくなってきています。このままではいけないので、明日から透析をして、ビリルビンの数値を下げる治療をします。」

黄色いと思っていたのは、黄疸のせいだった。ビリルビンの数値も驚くほど高く、二・三日の予定で始められた透析が、五日を過ぎてもやめられなかった。確か、ビリルビンの数値が二を越えると黄疸が出ると聞いたが、宏人の場合、二十を超えるほどだった。透析をして、いったん数値が下がっても、翌日には、また数値が上がっている。肝臓の機能がかなり低下していた。

ベッドの傍に運び込まれた医療機器を使って二時間かけて透析がおこなわれる。宏人の血液が機器に吸い込まれ、また戻される。一日に一回、それが何日も。透析の機器が宏人の傍から遠ざけられることはなかった。

それまで、体の事など考えたこともなかった。動いていて当たり前。肝臓の働きだの、腎臓の大切さなど気にも止めていなかった。

そして、透析がやめられないままケガをして二週間、大きな節目を迎えていた。

「人工呼吸器は、長くて二週間。それを越えて付けておくことはできません。二週間がすぎ、人工呼吸器を外した時点で自発呼吸ができなければ、喉を切開します。ただ、そのために、声が出なくなるかもしれません、それは仕方のないことと理解してください。」

と、言い渡されていた。

……宏人の人工呼吸器が外された。

喉を切開することなく自発呼吸をすることができた。

「よかったですね。子供さんに会いに行ってあげてください。」

宏人は自分で呼吸をするだけの力を取り戻していた。ベッドの傍に行って声をかける。ほんの少しだけ頷いているのが分かった。意識が戻っている。意識レベルを下げるための投薬がやめられたのだ。体は浮腫んで黄疸も相変わらずだったが、ひとまず安心した。私の声がわかるのだから

「宏人。よかったね。よく頑張ったよ。もう少しだから、がんばろうね。」

私が宏人の頭に手をやって声をかけると、まだ薬が体に残っているのか、虚ろな目で小さく

「うん」

と答えてくれた。ケガをして以来、宏人が私の問いかけに答えてくれたのは始めてだった。

ちゃんと私の事も分かっている。

……回復している……

そんな実感を味わうことができて、目頭が熱くなった。ほんの少し光が差してきたような気持ちになった。

ホッとしたのも束の間、その夜安心して眠りについた私を看護師が呼びに来て、驚いて飛び起きた。

「お母さん、起きてください。」

今まで夜中に看護師に起こされたことなど一度もなかった。何かが起こったのだ。私はびっくりしてかけていた毛布を自分で剥ぎ取ると

「何か、あったんですか。」

と血相を変えて聞いた。

「大丈夫ですから。宏人くんがお母さんに会いたがっています。来てください。」

とりあえず急を要することではないのだと分かって安心した。集中治療室に入ると、宏人がベッドの上で必死にもがいている。もがいて何かに抵抗しいるようだった。

「宏人、お母さんよ。」

背骨が折れていて、体を起こすことができない宏人は、手足をバタバタさせて、今の状況から逃れようとしている。何をそんなに嫌がっているのか。

「宏人、落ち着いて。」

私の声にやっと、暴れるのを辞めると、宏人は周りの看護師や医師に聞かれないように私の耳元でささやいた。

「お母さん、僕、変な所に連れて来られてる。何かの実験台にされてるから、すぐに警察に言って。僕を病院に連れて行って。」

かすれた声だったが、その声は確かにそう言って、私に助けを求めていた。

「宏人。違うよ、ここは病院よ。あんたはケガをして……」

私の話が終わらないうちに、医師は投薬をして宏人の意識は吸い取られるようになくなり、体は力を失いベッドにのめりこむようにして動かなくなった。

「もう、大丈夫ですから。」

医師から、そう言われた。宏人は完全に誤解していた。自分が転落したことを覚えていないのだ。熱を出して寝ていて、次に目を覚ました時には、知らない部屋に寝かされていた、しかも体じゅうに点滴の針が刺さり、体は動かない。となれば……。さらにベッドを取り囲むように白衣を着た見知らぬ人がたくさんいるとなれば……。SF紛いの勘違いをしたとしても仕方のないことだっただろう。宏人は、まだ十二歳なのだ。怖かったにちがいない。誤解したまま眠るようにおとなしくなったことが、それ以後の私に対する不信感になった。私は、眠っている宏人の穏やかな顔を確認するようにしばらく眺めてから、集中治療室を出た。

そして、次の日の朝。目が覚めると私は宏人のいる集中治療室の前に立ち。驚いて動けなくなった。ドアの前に置かれたシリンダーには赤い血がいっぱい入っていた。2リットルはありそうな、その血液は、誰の体から流れ出たものなのか。集中治療室に入っているのは、その時、宏人ひとりのはずだった。

【緊急手術】

人工呼吸器を外した次の日の朝、集中治療室の前に置かれた大量の血液。胸騒ぎを抑えることはできなかった。

……何があったのか。

……宏人はどうしてしまったのか。

夕べの宏人の動揺を思い出して震えた。小刻みに早く打つ胸の鼓動を抑えるすべはなかった。

宏人に良くないことがおきていることは、疑う余地もない。

今になってどうして。これまでがんばってきたのに何が起きたのだろう。

私は、どこへも行かず待合室でジッと考えていた。

確かに、あの出血は宏人のものだろう。でも、まだ、医師からの話は何もない。だとしたら心配しなくてもいいのか。

いや、人の体から一晩に二リットルあまりの血液が流れ出て、心配ない。などと言えるのか。医療に詳しくない私でさえ異常事態が起きていることは察しがつく。

夕べ宏人が口にしていた言葉を思い出していた。

『変な所に連れてこられてるから、すぐに警察に電話して、僕を病院に連れて行って』

……もっと、宏人と話がしたかった……

看護師が私を呼びに来たのは、不安に凍えそうになってから、ひと時もたたないうちだった。

ナースセンターのデスクに座る医師の前で、私の目は恐ろしさに震えていた。医師が何を口にするか聞くのが怖かった。その場に立ったままの私に

「どうぞ。お座りください。」

……とイスをすすめてくれた医師の穏やかな口調とは対照的に、瞳はいつもより険しかった。

「夕べ、宏人くんの肺から二リットルあまりの出血がありました。原因は分かりませんが、胸を開けて処置をする必要があります。肺に何かが刺さっているのかもしれません。ただ、今、肝臓の状態が良くないので、手術中に何が起こるか分かりません。念のために、すぐにご家族を呼んでください。今なら宏人くんと話ができますから会いに行ってください。」

医師は、一息にそういうと一礼して席をたった。私は礼を返すことさえ忘れてしまって椅子に座ったまま、今、聞いたことの意味を理解しようとしたが、頭が固まってしまったように話の内

容をうまく飲み込めなかった。

……今になって、どうして……

ぼんやりしている私を看護師が宏人の所へ連れて行ってくれた。

宏人は私を見るなり、苦しそうに助けを求めて口にした言葉は、

「お母さん。今、計画が聞こえた。周りの奴らが僕を殺そうとしてる。」

宏人の瞳は、周りに対する警戒心でこわばっていた。誤解は解けていないし、さらなる猜疑心が渦巻いている。

「宏人。違うよ。宏人の調子が良くないから、それを治してくれるって。がんばってね。お母さんもついてるいから。」

宏人は頷きながら、それでもまだ自分が怪我をして病院にいることが分かってない様子だった。

「お母さん、助けて。」

小さな声で言った言葉には、どれほどの恐怖心や悲しみがこもっていたのだろう。

「大丈夫よ。皆で宏人を助けてくれはるし。分かる。」

私の目を見て、宏人はここから連れ出して。そう言いたげだった。

「きっと元気になれるからね。」

瞳をあわせて勇気付けようとするが、言葉が素通りしていくのが分かった。宏人には自分の置かれた立場が理解できてない。昨晩せめてもう少し宏人と話ができていれば。

「では、手術の準備を始めます。」

そう言われて、私は待合室に戻った。すぐに麻酔科の医師がやってきて手術の際に使用する麻酔の説明を受ける。その話の中に麻酔の危険性についてもしっかり説明を受けた。麻酔の危険性だけが、耳に残り、怖くなって喉が異常に渇いた。

話が終わると、すぐに家に電話をする。慌ただしく集中治療室のドアが開きストレッチャーに乗せられた宏人が手術室に向かう。ぐったりとうなだれた宏人に付き添って、これが最後になるかもしれない言葉を我が子にかける。

「宏人、きっと良くなるから。がんばってね。お母さんはいつも傍にいるから。」

そういうと。自分の腕から水晶のブレスレットをはずし、宏人の腕につける。

「お母さんは、ここにいるから。」

宏人の手を強く握って、思いを込める。

……負けないで、お前は私の子なんだから、きっと私の所へ帰って来るのよ……

握った手を解き放すように促されて、宏人は手術室に消えて行った。

手術室運ばれる間のわずかな時間、宏人は私の顔を見ようともしなかった。私の思いは宏人に伝わったのだろうか。誰も信じられない。そんなあきらめの気持ちで手術室に入って行ったのではないか。

……どうか、宏人の命をもう一度、私の手の中に引き戻して、このまま天に昇って行かないで。私は宏人にちゃんと話さえできていない……

駆けつけた兄弟や学校の先生方が見守る中。閉ざされた扉の向こうで、宏人の胸は切り開かれた。

……手術時間は、４時間余り……

アクシデントもなく、時間が過ぎて行って無事に手術が終わることを祈った。時々、人が手術室に出入りするたびに、ドキドキしてその様子を見守る。もし私が呼ばれたら、その時は宏人の最期の時。気が遠くなるくらいの時間が過ぎた頃、やっと担当医が姿を現し

「手術は、無事終わりました。」

と、告げられた。こわばった体から余計な力が抜けて、やっと大きく息をすることができた。医師に伴われて、ストレッチャーに乗って出てきた宏人は、すでに少し麻酔から覚めていた。

「宏人、良く頑張ったね。」

覗きこむ私を虚ろな目でみる。宏人の瞳はいつもより黄色くない事が分かった。黄疸の症状の状態がいつもより落ち着いていたのだ。

医師の説明によると、肺に何かが刺さったのではなく、人工呼吸器をつけている間いっぱいに膨らんでいた肺が、自発呼吸をすることで少ししぼんで、その時に肺の膜が剥がれてそこから出血していた。という事だった。

「今日は、いつもより黄疸の数値も低くて幸いしました。」

と、医師は付け加えた。

【不信感】

肺の手術も無事に終わり少しずつ容態も安定していった。浮腫んだ体から余分な水分が抜けていくように、だんだん浮腫みもなくなっていった。

意識がはっきりとしていて、私の事もよく分かっている。日に何度かの面会のときも、話しかけると頷いてくれた。ただ、宏人の瞳はとても冷たくて、私が話しかけてもあまり答えてくれない。無表情だった。

新たな心配が頭をもたげてくる。

宏人に以前のような明るい表情が戻ってくるのだろうか。

事故の一時的なショックで、凍りついたような表情をしているだけなのか。

心療内科の医師が呼ばれ宏人と面談した。私も医師に事故の経緯や宏人の幼い頃の事などを聞かれた。私の目には廃人のように写る宏人。

「先生、あの子の無表情は怪我のショックからのものでしょうか。元に戻りますか。」

「分かりません。今だけのものなのかもしれません。大きな事故だったので、その時のショックでそうなったのか。それとも何か別の要因があったのなら……」

医師は言葉を濁したが……このままかもしれない。と、次の言葉は容易に推察できた。担当の医師は
「通常、大きな怪我をして意識が戻った場合、母親の名前を呼んで泣いたりするものだが、あの子にはそんなところがない。ひょっとしてシンナーなどをしていたという事はないでしょうか。」

と、聞かれた。私の答えはノーだった。日がな一日、宏人の事を見ていた訳ではないので、私の知らないところで悪い友達とそんな事をしていたと言われれば、そうかもしれない。しかし、私の目には、サッカーの大好きな、友達といつも楽しそうに遊んでいる息子の姿しか、思い浮かばなかったし、怪我をする前、宏人の表情に影を感じたことは一度もなかった。しかし今の宏人は、無表情で私と言葉を交わそうともしない。

その答えを、宏人は姉の佐織に伝えていた。

「お姉ちゃん、ここにいたら何をされるか分からん。」

そう言ったそうだ。宏人の中では、自分が五階から転落して病院に運ばれ命を救われた。とい

う自覚がまったくなかった。母親の私に対しても助けを求めたが助け出してもらえなかった。誰も信じられない。そう思って自分の周りにいる全ての人間に不信感を持っていたのだ。肺から出血した夜も、宏人の傍に付いていてやることはできなかった。次の日の手術も「僕は殺される。」と訴えたが聞いてもらえなかった。何もかも思い違いをしていた。

そして数日後、宏人に付けられた点滴の針が全部抜かれた時、医師は宏人を一般病棟に移すことを決めた。

「今、一番心配なのは感染症です。体の免疫力が落ちていますから、元気な人間なら感染しないような菌に対しても注意が必要です。点滴の針も全て抜去しました。針から菌に感染する恐れもあります。今は、まだ一般病棟に移れる状態ではありませんが、彼の様子を見ていると傍にお母さんが居て、静かな環境で過ごせたほうがいいと思うので一般病棟の個室に移ってもらいます。」

「先生、宏人は元にもどるでしょうか。」

その問いに、医師は答えなかった。

「では、宏人の背中はどうなっていますか。歩けるようになるんでしょうか。」

「今のところ、背中の手術は必要ないようです。」

……必要ない……

それは、手術しなくても、また歩けるようになるということなのか。それとも、もう手術しても無駄ということなのか。

医師は、ただ、必要ないというばかりだった。

そして、事故から三週間目の八月二十二日。宏人は一般病棟に移った。

【笑って宏人】

宏人が三週間ばかりを過ごした。集中治療室を出る日がやってきた。怪我をした日以来、私が過ごした待合室からも荷物を全部運び出して、一般病棟の個室に宏人と一緒に引っ越しをした。

「本来まだ、一般病棟に移れる状態ではないのですから、面会はご家族だけにしてください。今は本人の体力も落ちています。ちょっとした不注意で感染症を起こしてしまう危険性もありますから、入室の際には手の消毒を忘れないように。油断しないでください。」

医師からは、固く言い渡されていた。一般病棟への移動の日。ずっと心配してくれていた友人や学校の先生も駆けつけてくれて、久しぶりで宏人は懐かしい人の顔を見ることができた。

「宏人よかったね。よくがんばったよ。」

ストレッチャーで集中治療室を出る宏人の顔をみて、皆が声を掛けてくれた。しかし皆のやさしい笑顔を見ても、宏人は嬉しそうな表情さえ浮かべなかった。

……今度は、何をされるのか……

体を固くして怯えている。誰の声にも答えようとない。

……もう大丈夫だからね。一人ぼっちでベッドに寝かされていた集中治療室とは違って、ここにはずっとお母さんもいるし、お姉ちゃんも弟の治人も来てくれるよ……

いくら言っても、宏人の不信感は拭えない。こわばった表情を崩すことはなかった。もしかしたら、このまま元の元気な宏人に戻れないのではないか。そんな不安が浮かんでは消えた。

宏人には怪我をしたときの記憶がない。自分で廊下の手すりを乗り越えたことさえも覚えていないのだ。熱を出して家で寝ていて、気が付いたときには知らない場所にいて、見たこともない人たちが、白衣を着てマスクをし、自分のベッドの周りで何かをしている。しかも、体が動かなくなっているとすれば、どこか知らない所へ連れてこられて何かの実験台にでもされていると思っても不思議はないだろう。母親が現れて何度も助けてほしいと訴えたのに、聞き入れてもらえなかった。きっと宏人は、母親さえも敵だと疑っていたにちがいない。

……こいつは、お母さんのお面をかぶった偽者に違いないと……

弱冠十二歳の子供に、ことの顛末を理解させるには、時間がかかるのだと思った。じっくりゆっくりでいい。きっと、以前のようにニッコリ笑って
「お母さん。」

と、言ってくれる日がくると願っていた。

【笑顔】


宏人が移った個室は、テレビもソファーもあり、集中治療室とは違ってゆったりとした雰囲気だった。

「お母さんの傍にいて、ゆっくり時間を過ごせるほうがいいでしょう。」

医師の計らいで、宏人の傍で宏人の事を見ていたが、宏人の瞳は相変わらず刺すように冷たく心を開いてくれなかった。

部屋に花を飾り、かわいいイルカの置物を置いたりして、せめて雰囲気だけでも和やかにしようとしたが、宏人の目に花の美しさや置かれたイルカの愛らしさが伝わっているのかいないのか。分からない。部屋で使うタオルにまで、気を配りかわいらしい柄の物、色の鮮やかな物を使うようにしてみた。まずは視界に入る物から安らぎを感じてくれたら、閉ざされた心が開かれて行くのではないか、そう願っていた。

「宏人。命が救われて本当によかったね。皆がすごい奴やってゆうてたよ。不死身の仮面ライダーやって。」

と話しかけてみたり、

「宏人、この世には本当に神様っていはるんやね。きっと神様があんたに命をくれはったんやわ。きっと大きな意味があって命をくれはったんやし、大事にしていかなあかんね。」

どれも一方通行の言葉。どんなに声を掛けても返って来るものはなにもなかった。宏人は私に背を向けたまま、こちらを向こうとしない。天井をじっと眺めたまま、何かを考えているように黙っていた。あんなに大好きだった吉本新喜劇もテレビを付けたとたんに

「うるさい。」

と怒り出す。いつも土曜日のお昼にはテレビを観ては笑っていたのに。もうおもしろいと感じる心さえなくしてしまったのか。姉や弟が来ると、

「早く帰って。」

と疎ましげに言う。二人とも宏人のためにがんばってくれたのに帰れなんて……心が潰れそうになった。一日、一日が虚しく過ぎていく。この子が受けた衝撃はどれほどのもので、どんな心でいるのだろうか。もう生涯自分以外との関係を断ち切ったままなのだろうか。分からない。分からないが宏人に本を読んで聞かせたり、マンガを枕元に置いてみたりした。気持ちがこちらを向いてくれるよう……

個室に移って、しばらくしてから一日に一回、リハビリの先生が来てくれるようになった。

「はじめまして、宏人くん。これから毎日、ここへ来て君の体が動くようにするお手伝いをします。よろしくね。」

クリクリ頭の若い先生は、ニッコリ笑って宏人に話しかけてくれる。メガネの奥の瞳がやさし

く宏人を見ていた。

「ちょっと、足を見せてもらうでぇ。」

先生は布団をめくり
「うわぁ。大きい足やなぁ。これ、浮腫んでんのかぁ。」

先生はことさら大げさな言い方をした。宏人の足には、集中治療室に居た時の浮腫みがまだ残っていた。体調が良くなるにつれ日に日に溜まった水が抜けるように細くなり、筋肉のそぎ落とされた足は竹のように細くなるのだか、その時はまだ、少し浮腫みが残っていて、普通の倍程度の太さだった。寝たきりの人間の体から筋肉はあっという間に落ちていくことを先生は知っていたのだ。

「足上がるか、やってみて。」

宏人は投げ出した足を少しだけ上にあげた。

「ちゃんと動いてるやん。すごい。すごい。」

終始笑顔の先生に、病室の空気が丸くなっていくのを感じた。

「じゃあ。明日また来るしな。バイバイ。」

ドアの所で手を振ってくれる先生を、宏人は黙って見ているだけだった。

次の日も、先生は決まった時間にやってきた。

……コンコン。

ドアをノックする音。

「あっ。先生が来てくれはったよ。」

ドアを開けると、先生はいつものように笑顔で入ってきて、片手を挙げて
「よう～。」

と、宏人に声をかけた。黙って先生を見ている宏人に向かって、もう一度
「よう～。今日の調子はどんなんや。あんまりようないんか。むつかしい顔をしてぇ。」

そう言いながら、ニッコリ笑った先生は、宏人のホッペをやさしくペンペンと二度ばかり叩いた。それがくすぐったかったのか、ほんの少し口元が緩んだ。

「先生、宏人が笑った。今、笑いましたよね。」

ほんの少しでも、顔をほころばせるのは、事故以来初めてのことだった。驚きと嬉しさでつい大きな声を出してしまった。

「宏人くん、むつかしい顔ばっかりしてたらあかんやん。お母さん心配したはるで。」

先生は、いつもと変わらない笑顔でそう言って、リハビリを始めてくれた。帰り際、先生がドアの所で宏人に向かって手を振ると、初めて、宏人も布団から片手を出して、手を振ってみせた。

その日を境に宏人の表情は少しずつ豊かになっていった。

閉ざされた宏人の心がやっと、開き始めていた。

【夏の日】

宏人と過ごした、あの夏。病院が私と宏人の生きる場所になっていた。白い大きなコンクリートの建物の一室でベッドに横たわる宏人の傍にいて、宏人のことだけを考えて過ぎていく時間。

表情が少しずつ戻ってくると、頭はちゃんと働いてくれているのか気になった。

毎朝、朝食が終わると本を読んでやり、わざと忘れたふりをして、登場人物の名前を聞いてみたりする。

「さっきの話の、あの人の名前なんだった？」

宏人はうっとうしそうに
「え……。○○って名前やったやん。」

と、答える。

……良かった。ちゃんと記憶することができている。ホッとする。

雑誌の懸賞ハガキを出す時も、

「これとこれ、たすと幾つになる？」

わざわざ、宏人に聞いてみる。

「五と三と七やし、十五やん。」

ぶっきらぼうに答えられても、私には答えが合っていることが嬉しかった。

……ちゃんと計算もできている……

一つ一つ、一日一日。宏人の様子を観察して、わずかずつでも確信を深めていった。

……宏人は大丈夫……

そんな日々、佐織の事も治人の事も忘れたかのように過ごしていた。

一日を冷房の効いた病室で過ごし、外の暑さをほとんど知らない。事故の日以来、家に帰ったのは、たったの二回だけ。こうして宏人の傍に居て元気になっていく宏人を見ていることが私の全てだった。外へ出るのは、コンビニとお風呂に行く時だけ、それも早く帰りたい、と思うほどに足早になり回りを見渡す余裕さえなかった。

肺の手術から一週間が過ぎ一般病棟に移り、気がつけば夏も終わろうとしていた。いつものようにコンビニで必要な物だけを買って足早に病院へ戻っていた私の耳にセミの鳴き声が響いて、フト足を止めた。

……セミが鳴いている……

そうだ。今が夏だったことに改めて気がつく。一般病棟に移ってからは朝の散歩も辞めてしまっていた。病院前の並木が風にサワサワと揺れて夏の暑い空気が私の顔を撫でて行った。通り過ぎる夏の匂いにしばし立ち止まり自分の置かれた立場を振り返ってみる。

あまりにも病院で過ごす時間が、日常になりすぎていた。巨大な建物の中で、常に医師や看護師に見守られながら時が過ぎていく事に慣れすぎていないか。

ここは、私や宏人が生きる本来の場所ではない。病院の外に私たちの本当の生活がある。いずれそこへ戻っていく。そして、その日はそう遠くない。守られている事に慣れすぎてしまった。ここから本来あるべき場所へ帰って行けるのか不安になる。うっかり今の生活がずっと続くような錯覚に落ち居ている自分に気づく。

慣れすぎていることに怖さを感じた。佐織も治人も、宏人と同じ私の大事な子供達なのだ。その存在すら忘れかけていたことに自戒し、いつか子供達の待つ我が家に帰る心の準備が必要な事に、思いがけず気がついた夏の一日だった。


【ちょっと怖い】


団地の五階に引っ越してきたのは、宏人がけがをする一年半前だった。

引っ越してきて新聞を近くの販売店にお願いした。毎月集金にきてもらうのだが、いつも領収書の名前が違っていた。

「名前が違いますよ。」

「ああ、ごめんなさいね。前に住んでいた人の名前になってるわ。」

毎月、一年近く月末になると同じ話をした。

……いい加減に直してくれたらいいのに。

もう、すっかり前の住人の名前を覚えてしまった。

そして、宏人が怪我をした直後、お見舞いに来てくれた人から思いがけない話を聞いた。

「もうずい分前になるけど、あの棟で飛び降り自殺した人がいたんやて。」

こんな時に聞きたくない話だったけれど、「やめて」とも言えず。

「あそこに住んでいた人。」

と、聞いた。

「うん、そうらしいよ。何号室に住んでいた人かは知らないけど。」

「まさか、その人、○田さんて言う名前じゃないよね。」

一瞬、話してくれた友達の顔がこわばった。

「そう。そうやわ。○田さんて名前って聞いたよ。なんで知ってるん。」

……なんでって。その人は私が住んでいる部屋に以前住んでいた人ではないか。

知人の話によると……元々は息子さんとご夫婦の三人暮らしだったそうだ。もう十年以上前に
ご主人が飛び降り自殺して、母子二人で長く住んでいたが、息子さんが成人し結婚したのを機に

家を建てて、お母さんも一緒に新居に引っ越して行ったそうだ。その後、不幸にして息子さんが病気で亡くなり、後を追うようにしてお母さんも亡くなったという。

……ゾッとした。

宏人が怪我をしたのは、何かの因縁のようにも思える。私がその一家の名前を知っていたのも不思議な話だ。何度訂正しても名前を変えてもらえなかった領収書……その意味が、やっと、分かった気がした。

はじめて部屋に入ったときに何ともいえない寂しい気がしたのは、そのせいだったのか。

そんな悲しい運命を辿った人たちが住んでいた所へ引っ越していた。以前の住人が宏人を連れて行こうとしたのか。あるいは、自分と同じ目に遭わせないために助けてくれたのかもしれない。

出来ることなら他所へ引っ越したいと思ったが、不思議とうまくいかない。最後には霊感のある人のところへ相談に行った。

「別に悪さをする霊ではないし、今、引っ越す必要はないでしょう。」

と言われ、無理に納得して住み続けている。きっと、その人が宏人を助けてくれたのだろう。医師からも五階から落ちて助かったのは本当に奇跡に近いと言われた。きっと落ちたときの衝撃を、亡くなった霊が和らげてくれたに違いない。

不思議な事だが声なき死者からのメッセージを聞いたのかもしれない。

【発熱】

私や周りに心を閉ざしていた宏人の顔に少しずつ穏やかさが戻ってきた。毎日顔を見せてくれた理学療法士のやさしい眼差しは、他の人にはない暖かさを持っていたのだろう。私に対してもやっと心を開いてくれて、自分のしてほしい事が言えるようになっていた。今まで、看護師がどんなに優しい言葉をかけても返事もしなかったのに

「うん」

と、言葉を返すようになっただけでも嬉しかった。

そして、色んな物が食べられるようになった頃、宏人は発熱した。それは医師がもっとも恐れていたことでもあった。

「体力が落ちている今、一番心配されるのは感染症です。」

その心配が現実のものになっていた。

血液検査の結果は悪くないのに熱が出る。解熱剤で押さえて一旦下がっても、また上がる。熱が上がる時、宏人はとても寒がり、上がりきると今度は暑がった。温めたり冷やしたりの繰り返しだった。

私は部屋に花を置いていた。できるだけ宏人の気持ちを和ませたいと思ったのだ。熱を出すようになって三日ばかりたった日。花の水を換えようとして思いがけず宏人の熱の原因を知った。

水につけられた花の根元にカビが付いていた。それも、いくつか置いた花のどれにも。以前、新聞で読んだ事があった。体力の弱った患者にとって、お見舞いの花に付いたカビさえ命取りになると……。水につかった花の茎はカビが生えるには十分な水分があり、しかも病室は快適な温度に保たれている。

愕然とした。宏人のために置いた花が、思いとは反対に宏人の命を脅かしていた。

……なんてことをしていたのだろう。

自分で自分の息子の命を危険にさらしていたのだ。部屋に置いていた花は、全部処分した。

宏人は熱を出すたびに、とても苦しがり、体を震わせて息も荒くなり体を丸めて、時々うなり声をあげる。

医師は髄膜炎を心配していたが、精密検査をして投薬が始まり、ほどなく熱は下がった。

……目も体もカビだらけだったと聞いた。

元気な人間にとっては、全く心配のないものが脅威になる。恐ろしいことだ。ここまで良くなった宏人の命が危うく奪われるところだった。それが私の置いた花のせいだったとしたら…、背筋が寒くなった。

【聖職者達】

人にとって働くという事は、家にあっても社会にあっても、その気持ちが真摯であれば聖職といえるでしょう。

宏人が入院している間、お世話になった医療関係者、学校の教師方。まさに聖職者達だったと思うし感謝の気持ちを忘れてはいけないと思う。

宏人の担当医は、お世辞にも人当たりのいい人ではなかった。いつも気難しそうな顔をして、近寄り難い感じだった。怪我をした当初は医師の風貌など見る余裕もなかったので、担当医の顔立ちだの年齢だの考えたこともなかった。一般病棟へ移ってしばらくたった頃

……この医師は私と同じくらいの年齢だったんだ……

と気が付いた。彼は患者に対して必要以上の事は言わないし以下の事も言わない。特に患者や家族とコミュニケーションを取ろうとする様子もなく、ただ、必要な事を淡々と伝える、そんな寡黙な人物だった。宏人の事を付きっ切りで心配してくれていた友人は

「あの医者は愛想がなさすぎる。」

と、事あるごとに言ったものだ。宏人の事を心配して

「あの子は、どうなるんでしょう。良くなるんでしょうか。」

と、聞いた言葉に

「この状態で先の事が分かる訳ないでしょう。」

と、きっぱり言ったそうだ。その言葉に

「やさしさの欠片もない。」

と憤慨していた。

しかし、振り返ってみると、あの時、先の明るいことを言ってもらったところで、それは、ほんのわずかな可能性でしかなかったはずだし、心配する者が安心するような言葉を並べたところで、それは気休めにしかならなかっただろう。万が一、言葉を裏切るような結果になったとしたら、私たちはどんなに落胆したことか。

治療に関しても、自分のしたことを誇示する事もなかったが、医師がどんなに宏人の治療に力を注いでくれていたかは、垣間見える医師の姿から察する事ができた。

分厚い本を小脇に抱えて、忙しそうに救命センターの廊下を小走りに急ぐ医師の姿。この人はいつ休みを取っているのかと思うくらい、朝となく夜となく姿を見かけた。

何も言われなくても、とてもお世話になっている事を感じていた。

それから、宏人の看護をしてくれた看護師の方々、体の動かない宏人の体を拭いてもらったり自分で排泄できない宏人の世話を全てしていただいた。親である私が傍に居ながら申し訳ない気持ちでいっぱいだった。何かあるたびにオロオロする私に

「お母さん、大丈夫ですよ。」

と、何回も何回も励ましてもらった。

退院する時、

「お母さんも良く頑張られましたね。」

と、言っていただいたが、

……いえ。頑張ってくださったのは、あなた達看護師さんのほうでした……

と、胸がいっぱいになった。

そして、学校の担任の先生。宏人が怪我をした日から、一般病棟に移るまで毎日顔を出してくださった。

「夏休みですし、子供さんもいらっしゃるんですから、日曜くらいは家に居てあげてください。」

と、私が言うと
「いえ、夏休みだから来れるんです。」

と言って、待合室に一人いる私の傍にいてくれた。

たくさんの聖職者達に支えられて、今があることに感謝している。そして、私も一人の聖職者として、社会にあっても家庭にあっても、強く生きていこうという勇気を貰ったのだと思う。

【歩けた……】


「ベッドから起きて歩いてみてもいいですよ。」

そう言ってもらったのは事故から一ヶ月が過ぎた頃だっただろうか。

集中治療室を出るとき、整形外科の医師からはっきりとした事を聞くことはできなかった。歩けるようになるのか、もう歩けないのか。ただ、聞かされたのは
「手術の必要がない。」

という事だけだった。リハビリが始まり足を動かせた時、歩けるのかもしれないと希望を持った。折れた背中の骨が固まるまで石膏で体を固められて体を動かすこともできず、辛い思いもした。石膏はやがて、コルセットに変えられ、少しづつベッドをリクライニングさせて、ベッドの上で体を起こすことが許されるようになっていた。

看護師から
「先生が歩いていいっておっしゃいましたので、一度、病室の中を歩いてみてください。」

と言われた言葉に私も宏人も驚いた。いきなり、歩いていいと言われても、どうしていいのか分からない。

「えっ。歩いていいんですか？」

驚く私に

「はい。歩いていいそうですよ。」

と、微笑みかけてくれる看護師の嬉しそうな顔。宏人も歩けるという言葉には、かなり驚いていたようだ。自分の中では一生ベッドの上で過ごすのだと思っていたかもしれない。二本の足で立ち。歩く自由を与えたれたのだ。驚きと喜びが一度にやってきて、言葉も出ず。ただ、黙って看護師の顔を食い入るように見つめる。

……僕、歩いていいの？　歩けるの？……

という、信じられないような表情だった。

「じゃあ、今歩いてみていいですか？」

歩けるとなれば、すぐにでも歩いてみたくなるのは当然。この目で今すぐに宏人の歩く姿を確認したい。

「ええ、いいですよ。宏人くん歩いてみる？」

看護師の言葉に少しためらったような目をしたが、

「うん。」

と、自信のなさそうな声で答えた。

「じゃあ、ベッドの横に足を出してみて。」

そういうと、ベッドを上げて体を起こしやすくしてくれた。ベッドの端から床に下ろされた宏人の足。筋肉が落ちて竹のように細い。その足が床につく。スリッパをゆっくりと履いて、ひと呼吸おき、両手をベッドについて、それを支えに体を起こそうとゆっくり力を込める。ベッドのパイプを片手で持ったまま、まっすぐに立つことができた。長い間横になったままだったので、バランスを取りにくそうに体が少し揺れている。

その時、同室だったおじいちゃんと付き添いのおばあちゃんも思わず固唾を呑んで宏人を見守ってくれていた。

「宏人くんすごいね、立ち上がる事ができたね。」

笑顔で微笑みかけてくれる看護師に促され

「じゃあ、宏人くん。ここまで歩いてみて。」

一メートルくらい離れ所から、看護師が両手を広げて宏人を誘導してくれる。立ち上がって、立っているのが精一杯に見えた宏人の片足がゆっくりと上がり少しだけ前に降ろされる。そして、今度はもう片方の足が、ゆっくりと上がる。そして、少しだけ前に、後は、前のめりになった体の重みに押されるように一気に看護師の腕の中へ。

……歩けた。宏人の足が動いて歩くことができた……

思わず目頭が熱くなる。ずっと寝ていたせいで、首の筋肉もなくなってしまい、頭を支えることができず、頭がフラフラしていたが、よろけながらも確かに、自分の足で床を踏み、アキレス腱で床を蹴って重心を移動することをやって見せてくれた。普通の人には当たり前にできる事を、宏人は一ヶ月ぶりに経験することができた。しかも、もう二度と自分の足で歩くことはないと思い込んでいた殻をまた一つ打ち破ることができた。

「宏人君、歩けたなぁ。」

見守ってくれていた、おばあちゃんが手を叩いて喜んでくれた。宏人も看護師の胸に倒れこむように数歩歩くと、支えられながら嬉しそうに顔中で笑った。久しぶりに見る満面の笑み。

「宏人君、もう大丈夫よ。少しづつ歩く練習をしようね。」

何か宏人の心に自信が芽生えたような輝きのある表情だった。ケガをしてから、不信感と不安ばかりを抱えて込んでいたのだ。自分の心に城壁を作り、こちらを見ようともしなかった。その宏人の心がわずかに壁を崩して周りに心を開き始めていた。

「お母さん。僕、歩けるようになるとは思わんかった。」

全ての事を諦めていたのに、それを取り戻すことができた喜び。もっと出来ると言う自信に満ちていた。宏人が再び歩いたと言う事は、小さな一歩でもあり大きな出来事でもあった。

それから宏人は、ドンドン歩けるようになっていった。廊下を歩いていると、周りの患者さんが

「君、歩けるようになったんや、よかったなぁ。」

話したこともない人から、掛けられる言葉が、宏人をとても勇気付けていた。皆に心配してもらっていたんだ。そう気づくことが、さらに宏人の表情を明るくしていった。私と宏人は、毎日、廊下を歩いた。歩いて、歩いて。宏人は元気を取り戻していった。

【不安……】

歩けるようになった宏人の表情は以前とは比べ物にならないくらい明るくなった。二人で病院の中を歩きながらくだらない話をして笑ったりした。

……私、この子とこんなに話をしたことあったかな……

これまで、忙しさを理由に、子供とほとんど話をしなかった事に気づかされる。子供の話を聞くのは、大切な親の勤めだと知った。そんな、ある日。

「そろそろ外に出てみますか。先生もお母さんと一緒なら、いいでしょうと言ってくださってますよ。」

外を歩く……二ヶ月ぶりだろうか。さっそく新しい服と靴を買ってきた。もう、秋風が吹き始めた日の夕方。

「じゃあ、少し散歩に行って来ます。」

看護師に許可をもらって、病院の外へ出る。パジャマ以外の服を着るのも久しぶりの事、寝たきりの間に体は痩せてしまったが。足は大きくなっていて以前よりもワンサイズ大きな靴を履いた宏人。

病院の自動ドアが開くと、その先はしばらく離れていた普通の街の風景、自由な空気が流れている。宏人はドアの外へ出ると、感動したように、そこに立ち止まり周りの景色や空の色をじっと見つめた。事故が起きた時に鳴いていたセミはもういない。もうすぐ街路樹が色づきはじめる。

「御所の辺りまで行ってみる。」

「うん。」

半そでにTシャツでは、少し肌寒くなかっただろうか。風はすっかり秋風だ。ゆっくりと近くの御所まで歩く。途中で何度も立ち止まり深呼吸をする。少し息苦しいのかもしれない。

「大丈夫？　歩ける？　もう帰ろうか。」

「いや、大丈夫。歩けるから。」

ゆっくりと時間をかけて歩き、御所のベンチに倒れこみむように座ったときには、かなり息が荒いと感じた。しばらく、ベンチに座って体を休める。思った以上に体力が落ちていることに自分でも驚いているようだった。秋風が少し強くなって、落ちた枯葉を舞い上げる。Tシャツ一枚の宏人の体を風が通り抜けていく。

「もう、帰ろう。」

そう言って立ち上がった宏人の顔には、何となく不安の色が見えていた。来た道を帰ることは大変な事に思われたのだろう。

「早く、帰りたい。」

そう言うと、無理をして足を速めた。そして、病院まで後十メートルというところで宏人は突然、その場にしゃがみ込んだ。

「もう、歩けない。」

胸を押さえ苦しそうにそう言った。病院の中をかなりの距離歩いていたように思っていたが、大人の足でわずか5分の距離の往復が、宏人の体にはとても負担になっていた。

「どうしよう。先生を呼んでくる?」

しばらく黙って体を丸めるようにしゃがみ込んでいたが

「大丈夫。歩けるから。」

そう言うと、胸を押さえながら立ち上がった。早く退院したかったのかもしれない。外で具合が悪くなったと医師にしれたら、入院が長引くと思ったのだろう。見えている病院が中々近づいてくれないもどかしさ。歩いても、歩いても病院に辿りつけない。やっとの思いで帰り着くと、宏人は、すぐにパジャマに着替えベッドに倒れこむようにして、しばらく眠った。

よく頑張って歩いたね。安心しきって眠る宏人の寝顔を眺めながら、家に帰ってからの生活にわずかな不安を感じる。家に帰れば、傍に医師も看護師もいない。どんな生活が始まるのだろうか。

不安な気持ちは消えないまま、退院の日は近づいていた。

【退院の日】

その日は、とてもいいお天気だった。秋も深まった十月二十三日。宏人は無事に退院した。この年は例年いなく、朝晩の冷え込みがきつくて、紅葉が一段と美しく観光客を乗せて走るのに、大忙しだと荷物を積み込んだタクシーの運転手が話していた。

確かに病院前の並木も、きれいな黄色に色づいている。病院に運ばれた時に鳴いていたセミの声は、すでになく。朝晩、虫の声が聞こえるようになっていた。二人で散歩した並木道を、今日は車の中から眺めた。もう、この道を、宏人と歩くこともない。まるで我が家のように過ごした病室も、宏人が退院したら、すぐに違う人が入ってくるのだろう。

病棟を出る前に、お世話になった看護師の皆さんに挨拶をした。

「ありがとうございました。」

嬉しそうに、頭を下げる宏人の姿に、目頭を熱くしてくれた若い看護師。

……本当にありがとう……

「また、顔見せてね。」

そう言われて、照れながら頷いていた宏人。

その足で、救命センターにも挨拶に行った。いつもながら、慌ただしい空気の流れている場所だ。ガラス張りのナースセンターのドアを開ける。

「あのぅ。お世話になりました。今日、退院します。」

キョトンとして私たちを見る看護師の仕事をする手が止まる。

「ひょっとして。宏人君。」

元気になった宏人の姿に驚いていた。

「元気になって、良かったね。本当に良かった。」

お世話になった。看護師達が声を掛けてくれた。一番大変だった時に宏人をサポートしてくれた人たち。

……本当に、ありがとうございました……

たくさんの「ありがとう」を胸いっぱいに感じながら、私たちは家路についた。

二ヶ月半。長かったようで、あっという間だった。宏人の体に後遺症が残らないかと心配して、もう家には帰れないのではないかと思ったこともあった。

元気になって、退院できた日の喜びを一生忘れないでおこうと思った。たくさんの人に支えられたことに感謝し、その気持ちを宏人も心にしっかり刻んでくれたはずだ。

自宅のある団地横のお寺の傍でタクシーを降りる。久しぶりの我が家。そして、そこはおぞましい事故の現場でもあった。複雑な気持ちの私と違い事故の記憶がまったくない宏人は嬉しそうに
「やっと帰ってきたぞう。」

と言って、懐かしいといえるくらい遠ざかってうた団地の姿。すぐ横の山の様子や空に目をやり、もう帰れないかもしれないと諦めていた時から、乗り越えてきたたくさんの辛さを思ってか、かみ締めるように懐かしい景色を眺めていた。

階段を上がっていく。我が家が近づいてくる。病院では味わえなかった。落ち着いた空気を吸いながら五階まで上がっていく。自分の家の前まで来たときに
「わぁ。綺麗な花がいっぱいやぁ。」

と歓声を上げた。以前、家の前に花などなかった。この花は、友人達が宏人の退院に間に合うように植えてくれたのだ。綺麗にして宏人を迎えるためではなく、同じ事が起こった時に、飛び降りないための防御柵だった。

原因がはっきりしないまま、また熱を出して、同じ事が起こらないと限らない。医師からせめて万一のために柵を作り、花を植えておけば、ベランダや廊下の手すりを容易に飛び越えること

はできないだろう。とアドバイスをもらっていた。プランターに植えられたビオラやスノーボール。ゴールドクレスト。この花たちが宏人を守ってくれるだろうか。花があって良かった。などという事が起こらないことを私は祈っていた。

第二章　軌跡

【平穏な暮らし】

宏人が事故を起こしたのは、キョウチクトウの花が今を盛りと咲きほこっていた夏の日。

キョウチクトウの花は広島では、平和を象徴する花だと聞いたことがある。

私も日々世の中が、そして私の周りが平和であることを願って止まない。避けようのない自然災害も。戦争も。この世からなくなればいいのに。

身近な所でも何事もなく日々が過ぎていく事の幸せをかみしめて生きて行きたいと願っている。

宏人が退院した日、どうか平穏な日々が訪れますように。二度と同じ事が起きませんように……。どれほど祈ったことだろう。原因が分からない事故だっただけに。体のキズは治っても、あの異常行動の意味が分からないままの帰宅。

……もう、こんな事は起きませんよ。……

と言う、お墨付きはもらえないまま病院を後にしたときの不安。

……あの家に宏人を連れて帰りたくない……

そう思ったのは、当然の事。

宏人が眠るたびに不安だった。夜、目が覚めると宏人がいることを必ず確認した。気持ちよさそうに眠っていると、ホッと胸をなでおろした。布団を頭からかぶっていて顔が見えなかったりするとと、とたんに不安になり飛び起きた。布団の膨らみを見て、宏人の顔がめくった布団の下にあるとホッとした。

　宏人を一人、家に残して出かけるのも怖くて出来なかった。事故は、私がいない間に起こったのだから。退院して半年はとても宏人を一人にすることはできなかった。

　いつだったか、どうしても出かける用事があり、一度だけ宏人を一人にしたことがあった。帰って来た私に
「昼寝をした。」

と、宏人から告げられた時、全身から冷や汗がドッと流れた。あの時も、眠っていて急に目を覚まし異常な行動を起こしていたからだ。

　毎日が怖くて怖くて、熱を出した時などは、宏人の足をヒモで柱にくくりつけておいた。心療内科の医師から、熱を出した時には、とっさに動けないようにしておいたほうが良いと指導を受けていたのだ。退院してすぐの宏人は、何度も熱を出し、そのたびに、不安で眠れない夜をすごした。しかし、同じ事は二度と起こらなかった。

　退院する前、方々に手を尽くして引っ越しも考えたがどうしても、うまくいかない。公営住宅なので、役所にも何度も掛け合ったし、市会議員の所へ相談に行ったりもした。一般住宅に移ることも考えた。が、どれも決定打がなく、時間だけが過ぎてしまい退院の日を迎えてしまった。

最後に、ここに住み続けようと、半ば諦めるように決めたのは、

「どこにいても、もし、同じ事が繰り返されるなら危険性は一緒です。」

と、医師から告げられたからだ。落ちないまでも、自分を傷つけることは他にも色々考えられる。

……包丁で自分を刺す。

……自分から走っている車にぶつかって行く。

などなど、結局、繰り返される症状ならどこに居ても危険だ、という事。

事故から、長い年月がすぎたが、同じ事は繰り返されることなく。今日を迎えている。が、二度と一生同じ事が起こらないと誰が言えるだろう。

平穏に暮らしている。今日に感謝している。

「ありがとう。」

と言う、言葉を忘れないでおこう。それが二度と事故が起きないためのおまじないのような気がしている。

【学校へ行こう】

宏人はとても恵まれている。

そう思うことがしばしばある。

退院後、長い間体を起こせなかったせいで、胆嚢に砂がたまり、激痛に襲われて再入院を二週間したが、それを除けば順調な回復だった。

家に帰ってからは病み上がりという事もあって、病院に行く以外、外に出ることはなかったが、宏人は次第に外へ出ることを避けるようになっていった。

怪我をしたこと、しかも自分から飛び降りてしまったこと。それをとても負い目に感じているのだと分かる。人に会いたくない、言葉に出さなくても、怪我の原因について奇異の目で見られていると感じる。家に帰ってから、一度だけ
「僕が怪我をしたのは、自殺じゃないよね。でも、皆は自殺だと思ってるよね。」

と、言ったことがある。

「熱を出して意識障害を起こしたんやから、誰も自殺なんて思わへんよ。」

そう言ってみても、本人の中では周りの目がとても気になっていたようだ。もう元には戻れないという意識が強かった。

寝たきりの生活を二ヶ月近くも続けていたせいで、体の筋肉はすっかり落ちて長い間座っていると腰と首が痛くなった。体と頭を支えるだけの筋力がないのだ。肺活量もすっかり下がってしまったのか、少し歩いても息切れがする。ゴロンと横になって、ゲームをしている時間が、宏人に

は一番調子が良いようだった。

十一月になったころ、医師から
「もう、学校へ行ってもいいよ。」

と、言われたにもかかわらず、学校へは行くことができなかった。

宏人はどんどん引きこもって、自分の殻から出られなくなる。そんな先の姿が想像できた。外に出たくない気持ちも理解できたが、かわいそうだからと言って、そっとしておいては、本当に外の世界と接点を持てない人間になってしまう。そんな不安が頭を過《よ》ぎる。

そんな中、宏人に外へおいでと手を差し伸べてくれたのは、小学校の先生と同級生だった。

退院した日、担任の先生は、すぐに宏人の顔を見にきてくれた。手に花束を持ち、

「これは校長先生からよ。」

と言って、宏人に両手いっぱいの花束を持たせてくれた。淡い色の綺麗な花がテーブルに飾られると、心が明るくなるのを感じた。宏人も華やかな花束に、自分の事を待ってくれている人の存在に気づいたに違いない。

「宏人、校長先生も本当に喜んでくれはったんやね。」

と言った私の言葉に、ほんの少しだけホッペを緩めた。

それから、毎日のようにクラスの子が、一人、二人遊びに来てくれて、一緒にゲームをしたりし

て帰って行く。先生がクラスの子を遊びに来させてくれていたのは分かっていたが、誰も無理にして来ているふうでもなく、仲の良かった子が、楽しそうに宏人と遊んで帰って行った。遊んでいる時の宏人の表情は事故を起こす前と少しも変わらない明るい笑顔だった。

そんな日が、何日か過ぎた頃、先生がひょっこり訪ねて来てくれて宏人に言った。

「宏人、そろそろ学校に来てみたら、皆、待ってるよ。」

宏人の部屋には、クラスの子が折ってくれた千羽鶴が飾られている。その鶴たちも、頑張って学校へおいで、と言ってくれているようだった。毎日、遊びに来てくれる友達と接することで、学校へ行くという、ハードルもかなり低くなっていたのだろう。誰も今回の怪我の原因を気にしてない。そんな実感を持ったに違いない。

「そうやね。心配してくれた友達に元気な顔見せてあげたら。」

折り鶴を折ってくれたクラスメイトの姿が思い出され、一人一人が宏人との再会を待ってくれている気がした。

宏人は、しばらく黙っていたが

「うん。そろそろ学校に来いって、友達もゆうてたいしな。」

遊びながら、学校へ来るように誘ってくれていたのだ。

毎日の散歩で、歩ける距離も伸ばしていた。

「じゃあ。月曜日から学校に来てね。」

先生は、宏人と約束をして帰って行った。

そして月曜日。まだ、集団登校は無理なので、遅めの時間に宏人と二人で家を出た。久しぶりの通学路。

「あ、あの犬。久しぶりやなぁ。」

他所の家の庭先につながれた犬と宏人は顔見知りだったようだ。学校まで一キロ余りの道のりをゆっくり歩いた。もう、学校へ行くこともないと思っていたのかもしれない。宏人は、確かめるように、時々、足を止め学校へと続く道をまっすぐに見つめた。学校まで後少し。怪我をしたせいで内向きになった自分の殻を一つ破る瞬間が近づいていた。

校門を入ると急に無口になった宏人。教室に入った時の皆の視線を想像して緊張していたのかもしれない。授業中という事もあって校内は静まりかえっていた。出来るだけ人に会いたくないという宏人の希望で、わざと登校する時間を授業中にあわせたのだ。

教室の前に立つ。中で授業をしていた先生が私たちに気づくと、待っていましたという感じでニッコリ笑って廊下に出てきてくれた。少し照れくさそうな宏人に
「宏人。よく来たね。ちょっとだけ待っててね。」

そう言うと、教室へ戻り、クラスの子に合図をして宏人を迎え入れてくれた。

「じゃあ、お母さん、今日は一時間だけですね。」

「はい、よろしくお願いします。」

頭を下げる私に、先生はニッコリ頷き宏人の肩を抱いて教室に入って行った。帰ろうとする私の背中に、教室からクラッカーの弾ける音が重なって聞こえてきた。振り向くと黒板に
＝宏人君　お帰り～＝

と、書かれた黒板の文字が楽しそうに踊っていた。宏人の歓迎会を用意してくれていたのだ。

私は誰もいない廊下で一礼すると、その場を離れ一人、帰って行った。

宏人が学校へ行きやすいように、ここまで色んなことを考えてくれた皆に……

心から、ありがとう。


【涙】

宏人は心の優しい子だと思うことがある。

　　　　　心が弱い子なのかと、思う事もある。

どちらも、正解かもしれない。

　　　　事故をしてからとても臆病になった。

怖いのはお化けではない。世間の目や自分自身。

自信が持てないのだなぁ、と感じる。

子供の心はガラス細工のようだ。

すぐに壊れそうになってヒヤヒヤする。

もし、大人が宏人と同じような事故に遭っても、その事をいつまでも引きずったりしないのだろうか。

小学校の先生や友達が励ましてくれたお陰で「学校へ行こう。」と言う気持ちになってくれた宏人。毎日、皆が授業を受けている時間に学校へ行く。相変わらずたくさんの人には会いたくない様子だった。

二人で歩いた通学路。たくさんの話をした。赤ん坊だった頃の宏人の様子を話すと、今度は宏人が夢中になっているゲームの話をしてくれたり。楽しい会話がたくさんできた。

思えば三人の子供の中で、宏人には手をかけていなかった。仕事が忙しかったという事もあったが、小さい時から、手のかからない子だった。

赤ん坊の頃は、本当に良く寝ていたし、夜鳴きもしなかった。

一歳を過ぎる頃には、いつも一人遊びをしていて、何かに夢中になっていることが多かった。積み木だったり、新聞ちぎりだったり、残った冷御飯を手にべたべたくっつけては、必死で飛ばして遊んでいたり。周りがご飯粒だらけになって後片付けは大変だったけれど、宏人が夢中になっている間、家事に専念できたので、声をかける事もしなかった。

小学校へ上がってからは、近所にたくさんの友達ができて、ほとんど家にいることがなかった。土日も、朝出かけて行くと昼ごはんを食べに帰って来るだけで、すぐに遊びに行く。お泊りに行った時などは、週末、宏人の顔を一度も見ない事もしばしば。それでも元気だったので、親子の会話がないことを気にも留めなかった。

二年生のときに、サッカーを始めてからは、ますます留守がちで、サッカーに誘ってくれた友達の家に宏人を預けっぱなしになっていた。試合の応援に行きたかったが忙しくてなかなか行けなかった。でも、「来てほしい。」と言わない子だった。

本当に宏人の事をほったらかしにしていて、私の知らない事がたくさんあったことを、学校へ行く途中の会話の中でたくさん気づかされた。

小さい頃、一人遊びをしていても「何をしているの？」と声を掛けてやるべきだった。家が片付かなくても、サッカーの応援に行ってやるべきだった。宏人がこんなに私としゃべりたがっていたなんて気づいてもやれなかった。「ごめんね。」の気持ちでいっぱいになりながら二人で話をした。

宏人は学校へ行けるようになっても長時間椅子に座っていることができなかった。しばらくは一時間だけ授業を受けて、終わる頃に迎えに行って一緒に帰る。クラスメイトと過ごすわずかな時間。楽しくもあり、自分が失ったものを再確認してしまう。辛い時間であったかもしれない。

……この怪我さえなかったら……

そんな思いに悩んだこともあっただろう。宏人は、時々学校へ行くのを嫌がるようになっていた。

「今日は学校へ行きたくない。」

準備万端整った頃に言い出す。それまで言い出せなかったのかもしれない。

「何で。誰かにいじめられてるん？　嫌な事言われたん？」

私が聞くと困ったように
「違うけど、今日は行きたくない。家にいる。」

「どうしてよ。先生も友達も待ってるのに。」

「今日は休みたい。」

頑として行くのを嫌がるので、仕方なく今日だけね。と言う約束で学校を休む。

……たった一時間だけの授業なのに。どうして……

そんな親の気持ちを押し込めて黙って休ませる。しかし、次の日も……。学校へ行く準備が出来た頃に行きたくないと言い出す。

「今日は休んだらダメよ。学校へ行こう。」

「いやや。」

「何で?」

「行きたくない。」

「ダメよ。行かないと。」

無理に宏人の手を引こうとすると、その手を振り払い、大声で吐き捨てるように言った。

「行きたくない!　どうして行かなあかんの。なんで僕はこんなになったん。」

宏人が自分の怪我について、初めて疑問をぶつけてきた。私は体が凍りついたように、その場に立ち尽くし、どう答えていいのか分からなかった。私の傍で宏人はしゃがみ込み声を上げて泣いた。

……この子が事故以来、こんなに泣くのを初めて見た……

学校へ行くことは、皆と同じになれない自分に気づいてしまうだけで辛かったのかもしれない。もう、元には戻れないという絶望感を募らせていたのかもしれない。そんな辛い心に気づいてやることができなかった。

「宏人、ごめん。お母さんもっと宏人の気持ちになってあげるべきやったわ。ごめん。ごめんね。」

小さな体を震わせて泣く宏人の肩を抱くと、涙がこみ上げてきた。この小さな体と幼い心で現実の自分を支えきれないのは当然のことだっただろう。

「お母さんが、あの時仕事に行かなければよかった。ごめんね。」

涙を流しながら、ふと、私はこんな風に宏人の肩を抱いてやったことがなかったとに気づく。なんて寂しい思いをさせてしまったのか。

「宏人、ごめんね。でも、もう起きてしまった事故を今さら言っても仕方がないよ。宏人は死ななかったし、今、こうして元気でいる。命をもらったんだから大事にして、また宏人が元気に学校へ行けるように、お母さんどんなことでもするよ。今まで、本当にごめんね。」

宏人は、私の腕の中で小さな肩を震わせて泣いた。そして、

「今日だけ休ませて……」

小さな声でそう言った。

随分、無理をさせていたのだろうか。あまり嫌がらなかったので、つい少しでも早く以前のように学校へ行ってほしいと思ってしまっていたのがいけなかったかもしれない。

「分かった。いいよ。今日は休もう。」

たった十二歳の宏人の不安を理解できていなかった、つい大人の物差しで色んなことを考えてしまっていた。

それから後、学校へ行こうとすると、しばしばお腹が痛くなるようになっていった。過敏性腸症候群。この病気と宏人は長く付き合うことになるとは、このときまだ、気づいていなかった。

【治人の気持ち】

宏人には、姉と弟がいる。当時、高校生だった沙織と小学校一年生の治人。

あの夏の日。突然起きた事故のせいで、家には沙織と治人の二人だけが残ってしまった。明日をもしれない宏人を病院に置いて家に帰る訳にはいかなかった。

治人は末っ子の甘えん坊。保育園育ちだったので、夏休みのような長い休みは初めてだった。だいたい学校が嫌いで小学校へ上がってからは、

「小学校がこんなにつまらへんとは思わんかった。保育園のほうがましやわ。」

と、ぼやく事もしばしば。そんな子がいきなり姉と二人だけの生活になったのだから大変。きっと、寂しかったにちがいない。

学童がお休みの日曜日には、一人電車に乗って、病院の近くの駅までやって来て、駅で私が治人を迎えた。ホームから上がって来る人の中に小さな身体にリュックを背負い。必死で改札口にやって来る治人の姿を見つけると嬉しくなって手を振り、治人の名前を呼んだ。治人も私を見つけると安心したように一目散に駆けて来た。

「お母さん、今日も一人で来れたで。」

自慢げに言われると、少し大きくなった治人の姿を見る思いがした。

病院に着き、兄の弘人と楽しそうに話をする事もあった。少し動けるようになった宏人とサッ

カーボールを蹴るまねごとをしたり、屋上で一緒にアイスクリームを食べたりして過ごした。

しかし、治人には母親の目が自分よりも兄の宏人に注がれている事が、なんとなくわかったのだろう。病院の廊下をわざと走ったりドアを乱暴に閉めたりして私を困らせた。そのきっかけはいつも些細な事だった。

治人が持って来た子ども向けの雑誌の付録を作ってほしいと私に頼んだ時に限って、宏人のことで手が離せなかったりした。

「お母さん。この付録を今日は作ってもらおうと思って、持って来たんやけど。」

治人が、リュックから雑誌と付録を取り出し、作ってもらう事を一番の楽しみにしていただろうに、

「ちょっと待っててね。お兄ちゃんの先生とお話があるから。」

そう言われた時の、治人のがっかりした様子。

「後でね。」

という言葉に、いらいらするのか。不機嫌になって
「もうええわ。」

と、乱暴に付録を投げつけたりした。一週間、この付録を作ってもらう事を楽しみに頑張ってきたのに、願いが叶えられない事が悔しかったのだろう。しかし、ここは病院、あまりやんちゃが

すぎりと、誰もいない廊下に治人を連れて行って叱ったこともある。

「ここは病院よ。病気の人がたくさんいてるのに、廊下を走ったり、ドアを乱暴に閉めたりしては、ダメでしょう。」

言う事を聞かない治人に手を挙げたこともあった。きっと寂しかったのだろう。やっと母親に会えてたくさん甘えたかったのに、後回しにされて。悲しくてつい暴れてしまったりしたのだろう。治人は治人なりに、頑張っていたのだ。一週間に一度しか会えないお母さんを独り占めしたかったにちがいにない。

そして、夕方はすぐにやって来て、また母親と別れ一人、電車で帰らなければならない。暗くなったバス停で、バスが来るのを待つ。私と二人だと、楽しそうに鼻歌なんて歌ってみせたりして。別れが寂しいという様子は全くなかった。

「じゃあ、また来週ね。」

駅の改札口で、手を振る私の方が寂しい気持ちになった。治人はニッコリ笑って階段を下りて行く。

僕は大丈夫だよ。

そう言って、笑っているようにも思えたが、やはり無理をしていたのだろう。

母親のいない家で、治人のご飯を作ったり洗濯をしたり宿題を見たり、母親変わりをしてくれ

ていた佐織の事を
「僕のお母さんは十八歳やで〜。」

と、笑って言ったけれど、宏人が退院してから、それまで学校を休まず登校していた治人が、朝になると学校へ行かないと言って泣き出すようになった。

「いやや。学校なんか行かへん。」

そう言って、毎朝泣いた。

「じゃあ、集合場所まで一緒に行こう。」

そう言って、治人の手を引いて家を出る。集合場所まで、やっと来て、さあ学校へ出発という時になって
「行かへん。」

と言ってその場にしゃがみ込む。きっと、兄の宏人が家にいるなら、自分も家にいたかったのだろう。二ヶ月もの間、我慢して頑張ってきたのだ、少しくらい家でゆっくりしたかったのかもしれない。

学校へ、行きたがらない治人と一緒に学校まで登校した事もある。そんな治人の姿を見て、お友達のお母さんが
「治人君、寂しかったんやわ。お姉ちゃんと二人でがんばってたもんなぁ。」

そう言われ改めて、治人は本当に頑張ってくれていたのだと思った。病院でやんちゃをした時も、叱るよりも、「ごめんね」と言って、優しく肩を抱いてやるべきだった。きっと、治人もそうしてほしかったに違いない。

少し、休みたいなら、それでもいいのかな。それから、しばらく、治人が学校を休みたいと言えば、休ませてあげることにした。

家で宏人と一緒に楽しそうに過ごしながら、家族が元の形に戻った事を確認しているようでもあり、家に家族が揃っている事を喜んでいるようでもあった。

【自転車に乗れた】

「学校へ行きたくない。」

と言って泣いた宏人の気持ちもよく理解できた。怪我をした負い目もあるだろう。その上すっかり体力も落ちてしまい少し歩いただけで息切れがするし、イスに座り続ける事も辛い。腰が痛くなる。それに加えて人が自分に向ける視線も気になる。

「そうやね。宏人も辛いよね。無理せず家にいていいよ。」

そう言ってやるべきだっただろうか。本人がまた学校へ行こうと思うまで、辛抱強く待つべきだっただろうか。しかし、私はそんな寛大な心の持ち主ではなかった。やっと、気持ちが家から外へ向こうとしている今を逃したら、宏人は外の世界と関わりを持てない子になってしまいそうで不安だった。このまま、どんどん自分の殻に閉じこもってしまうのではないかと。

……ほんの少しでいいから学校へ行こう。

毎朝の腹痛は、だんだんひどくなって行くようだった。下痢をする事もあった。体が嫌がっていたのかもしれない。お腹の調子が落ち着くのを待って家を出た。

十二月になり、少しだけ肌寒くなった空気が、気持ちよく頬をなでる。

家に居たのでは味わえない開放感が、外の景色の中にはあった。そろそろクリスマスも近づいていて、リースの飾られた家のドアや、玄関先に置かれたポインセチアの赤が宏人に時間はどんどん流れているのだと教えているようだった。家にいるとゲームの前にしがみついてダラリと過ごしている宏人の顔が，一歩外へ出ると、明るく表情も清々しくなった。外へ出ることの大切さを宏人の表情が教えていたようにも思える。

「宏人、クラスの皆はもう卒業アルバムを作ってるんやてね。」

先生から、宏人にも表紙の絵を描くように言われていたが、なかなかその気になれずにいた。

「うん、そうみたいやな。」

まったく気のない返事。

「宏人も何か書いたら。」

「僕は、ええわ。」

何かと言うと僕はええわ。と言った。気持ちのどこかに……僕は皆とは違うし、同じにはなれへんのんや。

と、決めつけているところがあった。

「そうなん。でも、せっかくの卒業アルバムの表紙が宏人のだけ真っ白になってしまうよ。せっかくの思い出やし、せめてサッカーボールでも、書いてみたら。」

それとなく、絵を描く事をすすめてみる。

「考えとく。」

これもいつもの返事。イヤな事でも、即答はせず、「考えとく」でも結局、考えて諦めてしまう事も多かった。

この年の十二月は、天気のいい日が多く続いて空気もカラッとしていた。いつものように一時間の授業が終わって宏人を迎えに行った帰り道。自転車を押す私に、いきなり
「僕、自転車に乗れるかな。」

と、言い出した事があった。まだ骨折した背骨を支えるコルセットも取れていなかったので、今、転んだら大変だという気もしたが、冬の日差しが柔らかくて、穏やかな気持ちになれていたのか、それとも学校で少し嬉しい事があったのか、いつもより宏人の顔が明るく機嫌が良かった。

どうしようかと考えている私の手から自転車のハンドルを取り上げてしまい、

「ちょっとだけ、乗ってみよう。」

そう言うが早いか、宏人はひらりと自転車に乗って、ゆっくりとペダルを踏み出した。自転車は、初めゆっくり地面を転がって行ったが、ペダルを踏み込む足に力が入るたびに加速して行き、どんどん私から遠ざかって行った。私の目の前を走り去る宏人の横顔が、降り注ぐ日差しに輝いて眩しかった。今まで見せた事のない明るい表情。

慌てて後を追ったが、自転車で走っていく宏人に追いつく事はできず、角を曲がった所で見失ってしまった。一人取り残された私の傍には畑があって、植えられた白菜が立派に育ち奇麗に一列に並んでいるのが目に留まった。その隣のほうれん草も生き生きとして、何か不思議な力がみなぎっているのが感じられた。自転車に乗る宏人が感じているであろう沸き起こる自信と、同じ空気がそこにあった。走り去った宏人の横顔を思い出しながら、ふと、喜びが口元からこぼれ落ちる。そんな満ち足りた気持ちに浸っていると、遠くで宏人の声がして、その声がだんだん近づいてきた。

「お母さん。ほらあ。自転車に乗れたよ。」

久しぶりに聞く、宏人の弾んだ声。

「分かったし、もうこれくらいにしといたら、病院の先生も、まだ自転車の乗って良いとは言ってないし。」

満足げな表情の宏人も、それは心得ていた。自転車に乗れる事がわかったら、それで十分だったのだろう。二人で来た道を歩きながら

「僕、もう自転車にも乗れへんかと思ってた。」

その言葉には、諦めた物を取り戻した喜びが溢れていた。

「そんなことなかったやん。ちゃんと乗れてたやん。やればできるんやわ。」

そう言う、私に嬉しそうに頷きながら、

「以外と乗れたなあ。」

と言った。宏人のなかで、何かが少し変わったのかもしれない。

それからしばらくたって、宏人は卒業アルバムの表紙を書いた。当時、憧れていたサッカー選手の高原の顔と、裏側にサッカーボール。その絵には、宏人の願いが込められていたのかもしれない。

【もうすぐ卒業】

自転車に乗れた頃から、宏人は少しずつ外へ出て行けるようになった。

夕方になると、団地の広場でサッカーボールを蹴ってみたりする事も多くなっていた。全ての

事を諦めていたのだろう。またボールを蹴る事ができるとは、思ってもいなかったようで
「僕、もうサッカーできひんと思うてたのに。」

と、自分の力をひとつひとつ確かめながら、怪我をしたことでゼロになってしまったものを、少しずつ取りもしているのが分かった。それが自信にもつながり、学校で過ごす時間も長くなり、給食も食べて午後の授業も受けられるようになった。送り迎えをしなくても朝は弟の治人と登校し、下校は、以前のように仲の良い友達と賑やかに帰って来れるようになっていた。

宏人が元気になって行くのを見守りながら心のどこかに言いようのない不安が消える事はなく、予期せぬ事がまた起きるのではないかと恐怖感に付きまとわれていた。

学校から帰って来た夕方。治人とサッカーをする姿を五階の廊下から見下ろしていると。宏人が私に向かって声を掛ける。

「ほっといて！　大丈夫やから。」

宏人は、もう母親の手を離れて一人で歩き出そうとしているのだろうか。そんな宏人には私の不安が分かっているようにも思える。

しぶしぶ家に戻って、家事をあれこれ片付けながら、この調子でどんどん自分を取り戻してくれるのかという期待も持ってしまう。過大な期待は宏人の負担になると知っていながらも、期待せずにはいられないのも事実だった。不安と期待。相反する気持ちが行ったり来たりする。

息を切らせながら帰って来た宏人は顔を紅潮させ、嬉しそうにリフティングが出来たと私に話す。

「こいつにも教えてやったよ。」

兄について遊んでいた治人も、満足した顔つきで
「お兄ちゃんに教えてもらってリフティングいっぱいできてん。」

と、嬉しそうだ。

自転車に乗れなかった治人に自転車の乗り方を教えたもの宏人だった。小学校へ上がって、友達はもう皆自転車に乗れたのに、治人は、

「僕はいいねん。」

と、言っていつも自転車を走らせる友達の後を走って追いかけていた。そんな治人に自転車に乗る事を教えてやろうという。

「もう、小学生やのになあ。まだ、自転車に乗れへんて、やばいで教えてやるわ。」

宏人は、そういうと治人を連れ出して、団地の横の緩やかな坂道を何度も自転車の後ろを支えてやりながら降りて行った。怖くてハンドルを持つ手に力が入りすぎ、自転車は右に左にふらふら揺れた。自転車がぐらつくと、怖くてすぐに足をついてしまう治人。もともと恐がりの治人は、自分から自転車に乗りたいとは、言い出さなかったが、

「もう少しや、がんばれ。」

と言う宏人に励まされ，何度も何度も坂道を下って行った。どれくらい練習をしただろうか。外から声がした。

「お母さん、僕、自転車に乗れたでえ。」

声を弾ませて叫ぶのは治人だった。嬉しそうに風を切って坂道を一人で自転車を漕いで下って行く姿が見えた。

「すごいやん。ついに乗れたなあ。」

ベランダから手を振る私の方を見て、満足げに笑う治人。その傍で宏人も嬉しそうに弟の姿を目で追っていた。自分のことだけではなく、弟の世話もする余裕が心に芽生えているのがよく分かった。宏人は、確かに確実に変わっていったが、いつだったか少年サッカーのチームメイトから練習に参加してはどうかと誘われた時は、あっさりと断ってしまった。

「いいわ。」

それだけ言うと、もうチームメイトと一緒にボールを蹴るつもりはないのか。頑として練習に参加しようとしなかった。半年もチームを離れたことで、戻りづらかったのかもしれないが、自信を取り戻しながらも、まだ、自分の殻を全部取り払う事ができていないのだと思った。

それは、人ごみに出て行く事を極端に嫌っていたことからも、察しがついた。その年のお正月、映画のハリーポッターが初上映されたので、皆で観に行こうと誘ったがどうしてもイヤだという。学校へは行けるようになったのに、何がそんなにイヤなのか。まだ、気持ちのどこかに、怪我をした負い目を感じているのか、知らない人の中で奇異の目で見られるのではないかという恐れがあったのかもしれない。

「僕は、行かへんわ。電車に乗るのも人ごみを歩くのもいややし。行くなら、お母さんと治人と二人で行ったらいいやん。」

と、言って相手にしない。

「せっかく買ったチケットが勿体ないから。」

と、言ってタクシーで映画館まで連れて行った。あんなに嫌がっていたのに、映画はとても楽しくて、治人と映画の話を何度もしていた。

それから、ハリーポッターの映画が上映されるたびに、家族で観に行くのが慣例になった。私の目には宏人と同じ年頃のハリーの成長は宏人の成長を確認するような気持ちでもあった。

そして、三月の卒業式は、もう目の前に近づいていた。四月からは、嫌でも中学校へ入学しなくてはならない。元気になってきたとはいえ、まだ、一歩踏み出せていない宏人にとって、違う小学校から来た子達と同じ教室で授業を受けるという事が、どれだけの負担になるのか、まだ想像もつかない事だった。

【卒業】

宏人の卒業式の日がやってきた。三月、春まだ浅く少しだけ肌寒い朝。朝日は燦々と輝いて今日の日を祝福してくれているようだった。

この頃、宏人は学校へ行こうとすると腹痛を起こすようになっていたので、朝、食事が済むと下剤を使って排便をすませ、お腹の調子が落ち着いた頃を見計らって今度は下痢止めを飲み学校へ行くようになっていた。

その日もいつものように薬を飲み身体の調子を整えて家を出た。この日のために新調したブレザーに腕を通すと形の奇麗な洋服のラインが宏人の姿を少しだけ大きく見せていた。一つの節目を迎えるには、ふさわしい晴れやかな空気が宏人を包み込んでいるように感じられる。

「宏人、今日で小学校ともお別れやね。先生にちゃんとお礼をゆうてね。ありがとうございましたって。」

「分かった。じゃあ行ってくる。」

そう言うと、新しい靴を履いて少し早めの時間に家を出た。

いよいよ今日で小学校とお別れをする。この日を迎える事はないかもしれないと諦めた事もあったが、宏人は命を救われて今日も明日も明後日もいただいた命をつないで行く軌跡を生きて来たようにも思えた。その間、どれほどの人の思いやりや、やさしさに助けられただろう。決して私たち親子だけでは乗り越えらないほどの困難を乗り越えて来られたのは、まわりの助けがあったからに他ならない。それを忘れてはいけないと、卒業式へ向かう宏人の姿を見送りながら、自分に言い聞かせていた。

病院を退院した時には、外へ出るのも嫌がっていたのに、今では以前のように放課後は仲の良い友達と連れ立って帰って来られるようになっていた。その姿を見ると身体だけではなく、事故でショックを受けた心も元気になっているのだと感じられた。順調な回復のように思えたが、慣れ親しんだ小学校を卒業して中学校へ入学するという環境の変化が宏人の心に、どんな影響を与えるのか、多少の不安を抱えて迎えた今日の日でもあった。

宏人が出て行ってしばらくして、私も卒業式に出席するために家を出た。着慣れないスーツに着替え、いつものように自転車で学校へ向かう。肌に当たる風はまだひんやりとして、薄着で広い体育館に座っているのは寒いだろうなと、感じさせるくらい気温は低かった。しかし降り注ぐ日差しは既に春の日の光に変わっていて、波長の長い明るい光が太陽から真っ直ぐに伸びていた。

小学校へ近づくと、正装した保護者が、あちらから一人、こちらから二人。皆同じ方向へ向かって来る。宏人が怪我をした時、学年集会で同級生全員に伝えられたと聞いた。家に帰って子どもから事故の事を聞いた保護者の中には、宏人の事を知らなくても、驚き心配してくれた人も多かったにちがいない。どの人にも、ご心配をお掛けしましたと、声を掛けたい気持ちだった。
校門を入った所で仲良しのお母さんと合流して体育館へ向かう。静かな校内。何度も通った職員室に繋がる渡り廊下。毎日、宏人と一緒に上がって行った校舎の階段。どの場所にも、「ありがとう」を言いたかった。

今日までお世話になりました。本当に私たち親子を支えてくれて、ありがとう。

学校の様子を感謝の気持ちで見渡し体育館に入る。保護者席には、もうかなりの人が座っていた。前に並べられたパイプ椅子は、今日の日を喜びで迎えた卒業生達を迎えるために整然と並べられている。
寒いからと膝掛けを貸してもらい、しばらく世間話に花を咲かせていると静かなクラシック音楽が式場に流れ始め、やがて
「卒業生入場」
という声が響き、後ろの入り口から保護者席の中を縫うようにして卒業生が入ってきた。先頭を歩く担任の教師も、今日は正装して、大事な教え子を旅立たせるための最後の大役に気持ちを引き締めて臨んでいただいている事が感じられた。

宏人も他の子同様、少し照れたような顔で入って来ると私の前を通って席についた。

式は式次第に添って進められ、卒業証書授与式。宏人の名前が呼ばれる。

「はい。」

返事をして、立ち上がり壇上に上がって行く。校長先生の前で一礼して、両手で卒業証書を受け取り、もう一度一礼。そしてくるりと向きをかえると、こちらを向いて最後に一礼して壇上を一段一段下りていった。

今、宏人は卒業式に出席できた満足感でいっぱいなのだろう。今日の日を迎える事が出来た奇跡に感謝。

ありがとう、たくさん宏人を励ましてくれた友達。

ありがとう、毎日病院に来てくださった先生。

そして校長先生はじめ、全ての教師の皆さん、ありがとう。

宏人が、学校へ行けるように、影になり日向になり助けていただいた事はずっと忘れません。

涙ってこんなに出るものなのかと思うくらい溢れる涙は止まらなかった。

先生や友達にたくさんたくさんお礼を言って、友達とささやかなお祝いのランチを食べた。

「卒業おめでとう。宏人君良かったね。春休みには一緒にデイズニーランドに行こうね。」

友達が計画してくれて三月の終わりに子供たちとデイズニーランドに行く事になっていた。この旅行は、宏人のためにがんばってくれた佐織と治人へのご褒美でもあった。

ひと時、楽しく食事をした後、皆と別れて家に帰る道すがら、宏人は一言
「お母さん、僕は中学校へは行かへんからな。」

と念を押すように言った。私は返事に困り、ただ、

「そうなん。」

と、だけしか言えなかった。

宏人。十二歳のあなたが、学校へ行かずに何をすると言うの。あなたには学校が必要です。なぜなら、あなたは子どものままではいられないから。いずれ大人になって自分の力で生きていかなくてはならないの。そのためにも学校へは行かなくてはなりません。たとえあなたが嫌だと思っても、辛い思いをしても、全てを乗り越えて行こうよ。それを支えてあげるのがお母さんの勤めだと思っているから。

でも多分、私の思いを全て言ったところで、それを受け止める事は、その時の宏人にはできなかっただろう。

人生は後戻りできないから、前に向かって進むしかないの。その事を、長い時間をかけて宏人に教えてやりたいと思った。

【私の思い】

私は結婚を後悔したことはあったが、子どもを産んだ事を後悔した事はなかった。

伴侶となった人は、私の目にはとても不思議な人間だった。仕事はすぐ辞める。暴力は振るう。でも、言う事は妙に正論だったりする。言葉に出してそれだけ立派な事が言えるなら、どうしてそれを実行しないのかと、いつも思っていた。伴侶が働かないという事は、私が働かなくてはならない訳で、伴侶が子守りをし、私が外で働くという暮らし向きを長く続けていた。しかし、家にいても、積極的に家事をしてくれるような人ではなかったので、家事、育児、仕事、時間に追われる毎日だった。貧しかったが辛いと思ったことはない。負けたくない。そんな気持ちでいつもがむしゃらだったから、とても充実した日々だったかもしれない。時々、伴侶が家の中で暴れる以外、多少の事は我慢できた。

そんな私に友人は
「早く離婚して、もっといい人を見つけるべきよ。お母さんが幸せなら、子どもも幸せになれるはずよ。」

と、助言してくれた事がある。でも、私はそうは思えなかった。もし私が離婚し再婚して平穏に暮らしたら、それで子供は幸せなのか。幼いうちは、それでいいのかもしれない。でも、やがて大人になったとき、自分の中に流れる父親から受け継いだ血縁について、疑問を持つ日がきっと来る。母親以外のどんな人間の血が流れているのか。どんな遺伝子を受け継いでいるのか、知りたいと思った時、子供は見えない父親の面影を追い求めるかもしれない。それは、きっと人の子として不幸なことだと考えていた。自分の成り立ちが分からない。という事は、心の一部に闇を持って生きて行く事になる。そんな思いを子供にさせたくなかった。だから、どんな事があっても離婚はしまいと、思っていたし。子供を産むなら同じ遺伝子を受け継いだ子供であってほしいと願っていた。

いつだったか。父親が家の中で大暴れして出て行った事があった。原因はとても些細な事だったように記憶している。そんな事くらいで、どうしてそんなに怒って家具を壊したり、物を投げつけるのか。私には理解できなかったが、暴れるだけ暴れると、そのまま出て行ってしまった。残ったのは，私と三人の子供。

……もういいか。

さすがにその時は、そう思って、着の身着のままに家を出るつもりで

「もうお父さんを置いて家を出よう。」

当時、長女が小学校6年生。長男が小学校1年生、次男がまだ赤ん坊だった。私が弱音を吐くと子供たちは

「お父さんを置いて行くのはいやや。お父さんがかわいそう。」

と、驚く事を言った。こんなひどい父親をかわいそうだなんて、きっと子供たちも怖かったに違いない。それでも父親を思いやっている。あの時、家を出ていたら後で悔やんだかもしれない。離婚はしまい。と思っていたが結局果たせず、別れる事になったが、最後はちゃんと話し合って別々の人生を生きる事を選べたのは、子供たちのおかげだったかもしれない。きっと、いい加減な形で別れていたら、子供たちの中に父親の面影を残してやれなかった気がする。乱暴な人間ではあったが、私にはない優れた点もたくさん持った人だったという事を子供たちの心に刻んでやれたのではないかと思っている。

そんな訳で、私は京都の地で、子供たちのために必死で生き、必死で生きる事が自分の生き甲斐でもあった。だから、宏人が命を落としそうになった時、私が今まで努力して来たのは、子供の命を失うためではなかったはずだ。絶対に死なせない。と思っていたし、私が最愛の子供を失っていい道理がない。だから子供は死なないと確信していた。

そして、宏人は命を救われ、しかも後遺症もなく体は元気だった。しかし元気な体にはなったけれど、元気な心を取り戻すのは、そう簡単な事ではなかった。もう、治療を受ける必要はないから、誰も手を貸してはくれない。

中学校へは行かないと言う宏人を、どうやって他の子のように、元気に学校へ行かせたらいいのだろうか。

もし宏人がずっと子供で成長せず、私が年を取らず、このまま時間が止まってくれるなら無理に中学校へ行く必要はないのかもしれない。でも、時間は流れて行くし私は宏人よりも先に死んでいくのだから、学校へ行って自分の力で生きていく強い心を持たなくてはならない。宏人が強く生きて行けるように手助けしてやることが、我が子の命をいただいた親としての勤めだと思っていた。

【春休み】

小学校を卒業して、春休みに入ると予定通りディズニーランドに出掛けた。宏人の同級生のお母さんが卒業祝いと宏人の快気祝いを兼ねて、今回の旅行を企画してくれたのだ。彼女には佐織と同級生の女の子もいて、佐織や友達も誘っての高校卒業旅行も兼ねたので総勢二十名程の大所帯の旅行になった。

映画に行った時もそうだったように、宏人は最後まで行きたくないと渋っていたが最後は

「あんた、一人を置いては行けないから。」

と、半ば強引に連れ出した。せっかく宏人のために計画した旅行なのだから。

相変わらず過敏性腸症候群に悩まされていた宏人は、緊張するとお腹が痛くなり下痢をしてしまうので、下剤と下痢止めを持参して出掛けた。

出発の日は、早朝6時半集合。宏人を4時に起こし下剤でお腹を空っぽにして下痢止めを飲ませる。これでいいのか。と言う思いはいつもあったが、本人がそれで安心なら良しとするしかなかった。

予約しておいたタクシーが迎えに来た。

「忘れ物ない？　じゃあ、荷物を持ってタクシーに乗って。」

子供たちを促し、最後に戸締まりをもう一度確認して鍵をかける。

……では、行ってきます。

鍵を回しながら、誰に言うでもなく心の中でつぶやいた。

さあ、まず京都駅へ。

外はまだ夜の闇に覆い隠していた。夜から朝に移り変わる時間。タクシーが京都駅に近づく時間とともに、闇が追い払われるように明るくなって朝の景色が現れていた。

タクシーを降りると3月の終わりとはいえ、外はまだ肌寒く集まった皆は寒さに震え、目は眠そうにトロンとしていた。大勢なので人数の確認をして新幹線に乗り込む。まずは第一関門突破だろうか。乗り込んだ新幹線の中は外の寒さから救われたような暖かさで、ほっとして肩の力が抜ける気がした。車内で朝食をとると暖かさも手伝って眠くなってきた。子供たちは、あんなに朝早く起きたのに眠気も飛んでいったのか、おしゃべりに余念がない。

行きたくないと言った宏人の楽しそうな横顔をみると安心して、私はグッスリ眠り込んでいた。目が覚めた時には静岡あたりまできていた。子供たちが、富士山が見えるとはしゃいでいる声に目を開けると、走る新幹線の窓から美しい姿の富士山がくっきりと見えていた。

新幹線が終点の東京駅に入る。さすが東京。京都とは賑わいが違っていた。そのまま電車を乗り換えてデイズニーランドへ。デイズニーランドは春休み前の平日だというのに、子供連れでお賑わいだった。そんな中で、宏人も他の子も長い待ち時間を苦にもせず、夜が更けるまで楽しく遊んだ。

ホテルに入ると、さすがに疲れたのか、早々に寝息を立てている子供たち。翌朝も朝早くから起きて、ここでも薬を使って体調を整えると、お腹の事はすっかり忘れてしまったように、楽しい時間を過ごす事ができた。楽しそうな宏人を見ていると、お腹が痛くなるのは気の持ちようかもしれない。そんなふうに思えた。あれこれ考えて不安になり家から出たがらないけれど、それを乗り越えて外へ出れば、何も問題はないのだ。大切なのは本人が自信を持つ事なのだろう。などと安易に考えたりした。

京都に帰って来てからは、「楽しかった。」「行って良かった」という思いがいっぱいらしく、治人としょっちゅう旅行の話に花を咲かせていた。宏人が入院している時、元気になったらディズニーランドへ行こうね。と言っていた約束を果たせる時が来た事が嬉しかった。あれこれと旅行の準備をしてくれた友達にも感謝したい。

宏人も他の子と違わないのだから、皆と同じように中学へもいけるよ。そう言ってやった。そして、入学前のオリエンテーリングも終わり、入学式はもうすぐだった。

「学校へ行けるか、行けないか。それは入学してから考えればいい。とりあえず入学式だけは出ようね。」

そう言って、迎えた中学校の入学式だった。


【中学校入学】


少しだけ肌寒さの残る朝、宏人は真新しい青いブレザーに袖を通した。いよいよ中学校の入学式。外は青空、桜の花がまだ散らずにきれいに咲いて、今日の日を祝ってくれているように思える。

「じゃあ、行ってくるし。」

そう言うと、宏人は玄関のドアに手をかけた。

「ちょっと待って。」

出掛ける宏人の肩を、ホコリもついていないのに払ってみる。入学式に出掛ける宏人の背中が愛おしくなり、「大丈夫だよ。」と、最後のエールを送るつもりで、まだ細く小さな肩に触れたくなったのだ。

「よし、いってらっしゃい。気を付けてね。後でお母さんも行くから。」

「うん。分かった。」

宏人は振り返らずに返事をして、意を決したようにドアを開けた。外の光が玄関の中に差し込んできて、「おいで」と宏人を呼んでいるようだった。

「いってらっしゃい。」

何度言えば気が済むのか。これで二度目の「いってらっしゃい」何度でも言いたいくらい私も緊張感を持って、この日を迎えていた。

団地の階段を下りて行く宏人の靴音が遠ざかっていく。廊下で宏人の靴音を聞きながら、一階に姿を見せるまで下を見下ろしながら待っていた。そのとき、同じように入学式に向かう同級生の姿が目に留まった。慌てて部屋に戻りカメラを持って宏人を追う。間に合った。

「一緒に写真を撮ってあげるから並んで。」

桜の木をバックに近所の子と二人で写真を撮る。皆、袖から手が少ししか見えていない。折り目のしっかりついたズボンも長めだ。後ろの桜の木も「行っておいで」と子供たちの肩を押すように、淡いピンクの花びらを散らした。

写真を撮ると、二人の後ろ姿が見えなくなるまで見送って、急いで家に戻り用意をして出掛けた。

……宏人はこれからちゃんと学校へ行けるのだろうか。

そんな事も少し頭をかすめたが、今日の門出に、そんな不安は意味のないことだった。とにかく中学校への入学を、しっかり見届けてやらなくては。

……今朝も薬を使ったから、何もトラブルは起こらないだろう。

自分に言い聞かせた。

入学式は、定刻通り滞りなく行われた。二週間ほど前までは、まだかわいい小学生だった子供たちの顔に、階段を一つ登ったような成長が感じられた。

体育館に入って来る子は、どの子も大きめの真新しい制服に身を包んでいる。少々気恥ずかしいのかうつむいて入って来る子。嬉しそうに頬を少し弛ませている子。どの子も今日から中学生になるという。期待と不安に胸を膨らませているのだろう。それを見つめる親も同じ思いで子供たちの姿を見守っていた。

式は淡々と進み終了後、各クラスに入ってさっそく担任からこれからの予定などが伝えられ、教室を取り囲むようにして聞いている保護者も、これからどんな中学生活が我が子に訪れるのか、期待を込めて、初めて見る担任の教師の一言一言に耳を傾けていた。

体育担当の女性教師が宏人の担任だった。さすがに体育の教師だけあって、言葉も態度もハキハキしている。

全て終わって宏人と肩を並べて帰る。

「緊張した。」

私が聞くと
「別に」

と、何食わぬ顔で答えた。

「小学校の時に仲の良かった子もたくさん居て良かったね。」

「うん。」

「先生も女の人やし、話しやすそうやね。」

「うん。」

でも本当は男の人に担任して欲しかった。男同士のほうが宏人も話やすいのではないかと思ったのだが仕方ない。仲の良い子と同じクラスになれたのは、中学校の計らいだったのだろうか。

「僕、学校へ行けるかな。」

宏人がポツリと言った。

「行けるよ。入学式もちゃんと出られたんやし。」

宏人は、学校へ行きたいと思っているようだ。それだけでも、大きな心の変化だった。

「今日、お昼から先生と話をしてくるしね。」

午後、宏人の怪我の事や、学校として気を付けてほしい事などを伝えに行く。小学校を卒業する時に先生から

「中学校へはちゃんと申し送りしておきますから、入学前に連絡が入ると思います。」

と言われていたが連絡はなかった。入学式の前日、私のほうから電話を入れて「お話をしてきたい事があります。」と、伝えたのだった。

【中学に期待するもの。期待できないもの】

中学校の入学式を終えて家に帰り、私は一人、もう一度学校へ向かった。宏人の事をちゃんと先生に理解してもらって、手助けをお願いする必要があると思った。小学校の担任からは、中学校へは事情を説明してあると聞かされていたにも関わらず、学校からは何の連絡もなかった事が心配だった。

……中学校は小学校とは違う。

そんな気がしていた。宏人がこれから通う中学校は、少し小高い住宅街の端っこにあった。この地域は新興住宅地で、色んな所から移り住んだ人が新しい家を建てて移り住み華やかな雰囲気だったが、通りの空気はよそよそしい感じがして人と人の繋がりが薄いように思えた。その住宅

街を自転車で走ると広い公園があった。公園と平行するように道の向こう側に続くコンクリートの壁は中学校の物だった。

校門を入ると、校舎が二棟、あまり間隔をあけずに建てられている。校舎の向こうに見えるグラウンドもそう広くない。高度成長期に作られた学校で、限られた敷地に何とか建てたのだろう全体が窮屈そうに見える。また、宏人の一つ上の学年がとても荒れていて、新聞沙汰になることも年に何回かあり、先生達も手を焼いていたのかもしれない。そう古くないはずの校舎のペンキは剥がれ落ち、学校の荒廃ぶりが伺える気がした。

職員室に入り応対にでた教師に名前とクラスを告げ、担任の教師を呼んでもらう。

「少々お待ちくださいませ。」

そう言って職員室の奥に入っていった教師も、何となく保護者に対して儀礼的な言葉使いだった。この学校の生徒の保護者なのだから、もう少し言葉の端々に親しみを感じる物があっても良いはずだが、まるで、飛び込みの営業マンをあしらうような物言いだと感じた。

しばらくして出て来た担任は
「ご苦労様です。お話は学年主任と保健の教諭と一緒に伺いたいと思いますので保健室へどうぞ。」

そう言うと、式が終わったままの正装で、私を保健室に案内してくれた。保健室のドアを開けると、生徒が一人ソファーに座って、養護教諭と世間話をしていた。今、テレビで人気のドラマの話のようだった。私が入って行くと教諭は生徒を帰宅するように促し、生徒もそれに従って保健室を出ていった。

「はじめまして。」

私が頭を下げると、その教諭も

「ご苦労様です。どうぞお座りください。」

と椅子をすすめてくれた。しばらくたって担任の教師と学年主任の教師が加わって四人で話を始めた。

「はじめまして。」

から始まって宏人が怪我をした経緯を説明する。

「高熱をだして……。」

これまで、どれだけの人に何度この話をしただろうか。病院を回るたび何人もの医師に話したことか。知り合いに怪我の事を聞かれると、誤解されないように丁寧に話をした。もう、うんざりだった。中学校へは小学校から、連絡が入っているはずなのに教師の口から「小学校から、申し送りがありました。」と言う言葉は聞けなかったし、宏人の現状を話しても「私達も手を尽くしますから、一緒に頑張りましょう。」と、言うような暖かな言葉は最後まで聞けなかった。

別に同情してほしかった訳ではない。私と宏人が頑張らなくてはならないことは分かっている。しかし、学校側は、ただ私の話を聞いて理解してくれたにすぎないように思えた。担任も学年主任も積極的に私達親子に手を差し伸べようとする、姿勢はまったくなかった。

小さな机を挟んで一時間ばかり話をしたが、私と学校側との距離は、その小さな机よりもさらにかけ離れていた。

熱を出した時の注意点と、これからまだ手術を受ける可能性があることだけは念を押して伝えておいた。

「宏人が学校へ行けるのか心配です。できればスクールカウンセリングを受けたいのですが。」

多分、教師達を相手にしていても、たいして私の力になってくれないだろう。何かを期待するほうが間違っていたのだろうか。教師は生徒に勉強を教える人であって、生徒一人一人の事情にまで立ち入ることはないのだろうか。たぶん、あまり立ち入りたくないと思っていたのではないか。その後、私が見かけた授業に出ない生徒達に対しても、教師はやるべき事をやっている。それに従わない生徒と深く関わって生徒の生活指導や軌道修正するのは本業ではない。そんな空気があった。

私は中学校を批難するつもりはない。思春期の子供たちを相手に教師達も精一杯やってくれていたのだと思う。しかし、小学校の時と学校の対応のあまりの違いに戸惑う事も多かった。

【新しい学校生活】

「じゃあ、気を付けていってらっしゃい。」

入学式の次の日から中学の学校生活が始まった。近所の同級生と待ち合わせをして学校へ行く。

そう言う宏人の背中はまだ幼さが残っていて、中学校の制服に馴染んでいない感じがした。

「うん。行って来る。」

「保健の先生には、ちゃんとお願いしてあるし。担任の先生も分かってはるから大丈夫よ。」

しつこいくらいに念を押してしまって、逆に不安を煽っていないか心配になる。開いたドアから春の風が優しく吹いてきて宏人の背中を押してくれているようだった。宏人の姿が見えなくなるまで見送る。

とりあえず、初日は定刻に家を出る事ができた。何事もなく学校へ着けるのだろうか。宏人の姿が見えなくなった方向をいつまでも見ていた。

昨日、担任の教師、学年主任、養護教諭にお願いした事を、どの程度受け止めてくれているのか、どの程度の対応をしてくれるのか疑問だと感じた。話をしている間じゅう教師と保護者の距離が縮まった気がしなかった。協力して宏人の学校生活をサポートしていきましょう。という姿勢ではなかった。ただ、事実を把握してくれたにすぎなかったように感じていた。

宏人の背中が見えなくなると、私は一人、家に入りコーヒーを飲んだ。思い出すのは、昨日の教師達の顔。あの人達で大丈夫だろうか。不安が頭をよぎる。

その不安を和らげるように、熱いカップからコーヒーの香りが漂ってきて、心地よくくつろいだ時間が流れて行く。この調子で、何事もなく学校へ行けたら、私が仕事を再開できるのも間近かもしれない。また、以前のように忙しい日々が始まる。それでもいい。ずっと外で働いてきたのだ。何の苦もない。でも宏人に何かトラブルが起きたら、それは予測不能なことだった。思春期の子供の心は、どこかガラス細工のようで危なっかしい。いつ壊れるか分からない事が不安だった。入学後、まもなく宿泊研修が二泊三日の予定で行われる。それがクリアできれば、自分も皆と同じなんだと言う自信につながるだろうし、また、小学校の頃のようにサッカー部に入り、どこにでもいる普通の中学生のような学校生活を送れるかもしれない。後は事故の時にできた傷を消すための手術をするかどうか。絶対にしなくてはならない手術ではないだけに判断が難しい。一生大きな傷跡を身体に付けたままというのも、本人の負担になるかもしれない。

明日は、スクールカウンセリングを受ける事になっていた。これから三年間、宏人の事をちゃんと見てゆけるよう、第三者の助言は必要だと思った。うっかり過干渉や過保護になってしまわないように、カウンセラーの意見も聞いてみたかった。きっと話をする事で、自分の行動を確認できるはずだ。

その日は、昼前には学校が終わり、宏人が帰って来た。ドアを開けて入ってきた瞬間の宏人の表情が気になった。

「ただいま。ああ、疲れた。」

ドアを開けると同時に、そう言いながら自分の部屋にカバンを放り投げる。

「お帰り。」

出迎えた私に向ける宏人の表情に、ひとまず安心する。まずは合格。初日は無事終わったようだ。台所に入って来た宏人に

「どうやった。」

と聞く。

「何が？」

「何がって。学校。」

「別に普通。」

「そうなん。」

普通である事が一番大事だ。

「あんなあ。」

宏人は、ちょっと口ごもりながら続けた。

「今度、宿泊研修があるんやて、」

　知っている。私もいつその事を切り出そうかと思っていた。

「僕、行かなあかん。」

　少し間をおいてから、私は言った。

「宏人は、病気じゃないし普通なんやから行ったほうがええと思うけど。」

　そう言ってしまって良かったのか。後で色々と悔やみもしたが、その時はそう答えるしかなかった。

「ふうん。やっぱり行かなあかんのか。」

「一度、先生にも相談してみるけど。」

　私としては行ってほしかったのは当然だった。宿泊研修が無事に終われば、宏人は、ひとつ壁を乗り越えることができる。

「で、クラブはどうやった。サッカー部見て来た?」

　話題を変える。

「まだやで、部活動は明後日からやねん。」

「そうなん。またサッカーできたらいいね。」

　また一つ親の期待を宏人に押し付けてしまった。

【アクシデント】

毎朝、下剤と下痢止めに頼りながらも、しばらくは時間通りに学校へ行く事ができた。順調だと、私も気が緩んでカウンセリングを受けに行くのが一週間も延びてしまっていた。

その日も、いつものように学校へ行く宏人を、見えなくなるまで見送った。小高い所にある団地の五階は、京都市内が一望できるほど眺めが良かった。南側に小さく見える京都タワーも夜になると白い塔がライトに照らされて美しく闇に浮かんで見える。街の灯りはガラス玉を散りばめたようにキラキラ輝いていた。素敵な場所に引っ越して来た事を嬉しく思っていた。宏人の怪我さえなければ。

中学への通学路は、団地からよく見える一本道だった。途中に史跡公園と言う何も遊具のない原っぱだけの公園がある。公園のまん中には、多分、そこに塔でも建っていたのだろう。石垣に囲まれた土台だけが残っている。なるべく手を加えたくないのか。やや傾斜した原っぱは年に何回か草刈りをするだけで、後は雑草も伸び放題になっていた。その原っぱを囲むように石畳の小道が四方を囲っている。昔は水路だったのかもしれない。

団地を出て、山際の一本道をしばらく歩くと坂道があり坂の上の石段を二、三段上がると、その史跡公園がある。公園を突っ切るような緩やかなカーブを描く小道は、人が歩く事によって草が生えず土が踏み固められて出来た道だった。その小道を黒いリュックを背負って友達と二人で歩く宏人の後ろ姿が見えなくなるまで眺めていた。

今日もちゃんと見送る事ができた。安心して、カウンセリングを受けに行く用意をしようとしたとき、下の方から階段を駆け上がって来る靴音が聞こえ、その音がだんだん近づいて来るのが分かった。

……まさか。

と思った瞬間。ドアを叩く音が。

「宏人。どうしたん?」

私の質問に答えるより先にトイレに駆け込む。しばらく出て来ない。何があったのかは、だいたい想像がついた。やはり心配していた事が起きてしまったようだ。

落胆、そう落胆というよりも不安が脳裏をかすめる。下剤で排便して下痢止めを飲んで出掛けたのに、それが効かなくなっている。ということだ。今、宏人も同じ事を考えているだろう。薬が効かない。明日から学校へ行く手段を失ってしまった事になる。

しばらくしてトイレから出て来た宏人は、思っていた通りの事を聞いてきた。

「薬が効かへんなったん?」

「さあ。分からへん。今、下痢してた?」

「うん。かなりひどい下痢やった。」

「夕べお腹出して寝たんちがう。冷えたんやわ。今日は学校休む？」

見え透いた理屈をつけても、たぶん納得できないだろう。

宏人の緊張はかなり高まっている。新しい学校、新しい友達、そして宿泊研修。たくさんの事を抱えきれなくなったのかもしれない。

布団にもぐり込んだ宏人を一人残し。私はカウンセリングを受けるために学校へ向かった。


【アクシデント②】


宏人を一人残して学校へ向かった。さっき、宏人が戻って来た道を一人トボトボ歩いた
宏人はどんな気持ちでいるのだろうか。がっかりしているだろう。明日から学校へ行く自信がなくなったに違いない。そんな事を考えると私まで気持ちが重くなった。

歩いて十五分ほどの道のりを、自分一人が不幸を背負い込んでしまったように思え、自分がみじめになればなるほど、沿道の家々が幸せに満ち足りているような気がしてしかたなかった。

……私一人が、この世で不幸な人間だわ。

宏人が怪我をした事も、今までの自分の人生も全てが、辛く悲しく思えてくる。そんな気持ちでいると、他所の家の庭先に咲いたビオラの花の鮮やかな色にも妬み心を持ってしまったりした。

学校の門を入る。授業中ということもあって静かな校内だ。そんな中、渡り廊下の周りに日向ぼっこをしながらおしゃべりをしている数名の子供たちを見つけた。男の子は髪の毛を茶色に染め、女の子は目元を真っ黒に化粧している。自分達は気に入っているのかもしれないが、大人の目には、まだあどけない顔立ちには似合わない化粧や髪型だ。そんな姿を借りることで、この子達は何を言いたいのだろう。そんな事を考えながら、子供達のほうをチラッと見て

「おはようございます。」

と声を掛けてニッコリ笑ってみせたが、笑いかけるような気持ちではなかった。授業に出ない子供たちの姿に、学校へ行けなかった宏人の辛い気持ちが重なっているようで、「悪ぶっていても、本当はちゃんと授業を受けている子達がうらやましいのでしょう。きっとあなた達は、寂しいんでしょうね。」そんな思いであいさつしたが、子供たちは無反応。私の方をそっと見て、なぜ声を掛けられたのか怪訝そうな顔を覗かせていた。

彼らは自分たちの事をどんな風に思っているのだろうか。異端児、不良、はみ出し者。そんな事は、大人が勝手に思う事で、子供達自身にとっては、授業に出ないこともいたって普通のことなのだろうか。授業中に学校の廊下でブラブラしていることにも、後ろめたさはないのだろうか。学校という組織からはみ出したのではない。自分たちからはみ出してやったのだ。そんな虚勢を感じさせる瞳をしていた。教師も手を付けられないのだろう。野放し。という感じで捨て置かれ

た子供達だと感じた。

職員室に入る。授業中という事もあってか閑散としている。

「すみません。」

声をかけるが誰も出て来ない。衝立ての向こうに誰かいるのだろうか。雑然と物が置かれた棚の端に置かれた植木鉢のピンク色の花が、ほんの少し職員室の殺伐をした風景を和らげていた。

衝立てをよけて中を覗く
「すみません。」

やっと書類に埋もれていた教頭先生が顔をあげてくれた。

「はい。」

頭を下げて挨拶すると、慌てて席を立ちこちらを向いて会釈を返してきた。

「一年一組の中山宏人の保護者ですが。」

「はい。ご苦労様です。」

何がご苦労様なのか、私にはよくわからない。

「担任の先生は授業中ですか。」

「ああ。そうですね。今、授業に出ています。」

教頭先生は少し、申し訳ないという顔をして頭をかいた。この間宏人の事でこの先生とも話をしたはずだが、忘れているような態度。

「この間、子供の事をお話したと思うんですが、今日はお腹の調子が悪くて。」

「……そうですか。では、今日は欠席ですか。担任に伝えておきます。今日はお母さんカウンセリングでしたか。」

やっと思い出したのか。それとも知っていて保護者と距離を置きたいのか。宏人の具合を尋ねようともしない。よそよそしさを感じてしまうのは、自分が卑屈になっているせいだろうか。

「はい。そうです。子供は家で休んでいるんですが、カウンセラーの先生は来ていらっしゃいますか。」

「はい。こちらへどうぞ。」

私が構えて先生と接しているからなのか。教頭との間には、近寄りがたい隔たりがあった。それは三年間消える事のない隔たりだった。荒れた教育現場で教師達も、手いっぱいだったのかもしれない。余計な事に首を突っ込みたくないといった、意思表示に思えたのは、問題を抱えた生徒の保護者だったから感じたことだったのだろうか。

その日、初めてスクールカウンセリングの先生と話をした。

【カウンセリング】

カウンセリングルームに入る。部屋の中には大きな観葉植物が置かれ、傍に花柄のソファーが据えられていた。校内とは少し違う華やかな雰囲気。

「はじめまして。一年一組の中山宏人の母です。」

私が頭を下げると

「こちらこそ、はじめましてカウンセラーの岩崎です。」

にこやかに挨拶してくれるカウンセラーは、私と同じくらいの年齢の穏やかな眼差しの女性だった。私が少し辛そうにしてくるのが分かったのか。

「ご苦労様です。どうぞお座りください。」

とソファーに座ることをすすめてくれた。なんと言って切り出したらいいのか分からなくて下を向いた。しばらく黙っていたが、何か言わなくては、と気持ちが焦る。私はいつも人と話をする時、先回りして話題を探す。沈黙がイヤだから。今日も自分から切り出さなくてはと、しばらく言葉を探した。

「小学校の校長先生から、少しだけお話は伺っていました。」

言葉を口にしたのは、岩崎先生のほうだった。ノートを片手に持って私の前に座った岩崎先生は。事情は大体わかっていますよ。というような微笑を口元に浮かべてくれた。

……良かった。いちから話さなくてもよさそうだ。

人と会うたびに、事細かく宏人のケガの原因について話をするのは、うんざりしていた。話せば話すほど言い訳をしているみたいで辛かった。宏人のケガは私のせいじゃないと、自分に言っているように感じていた。やはり、親である私のせいなのに、その事実から目を反らそうとしている。ケガの事を口にするたびに自分を責めていた。

「どうされているのかな。と思っていました。」

この人は私が訪ねてくるのを待ってくれていたのだ。そう思えるだけで抱え込んだ苦しみを少し降ろす場所ができたような気がした。

「小学校の校長先生が、お話してくださっていたのですか。」

驚く私に

「はい。中学に入学する前には必ず校長先生から今度入学してくる子供さんの事を聞かせていただくのです。」

やさしかった小学校の校長先生の顔が目に浮かんだ。意識のない宏人を毎日のように見舞ってくださった。「会議があって遅くなってごめんなさい。」と夜の九時を回ってから病院に来てくださった事もあったのを思い出す。宏人がケガをしなければ言葉を交わす事もなかった校長先生。女性だったので、余計にお見舞いに来てくださるのが嬉しかった。お互い校長と保護者という立場であったが、それを離れれば同じ子を持つ母親に違いはない。

「いかがですか。中学に入学されてからは。」

何かあったことは、察しているような問いかけ方だった。

「はい。小学校を卒業する時には、絶対に中学校へは行かないと言っていたんですが、なんとか頑張って通学してたんですけど。」

先生は黙って次の言葉を待っていた。

「今日は、お腹が痛いと行って学校へ行く途中で帰って来て、ひどい下痢をしてしまって家で休んでいます。」

「そうですか。風邪をひかれたんですか？」

「分かりません。いつも下剤で排便して下痢止めを飲んでから学校へ行ってたんですが、その薬が効かなくなったのかもしれません。」

「なぜ、そんな事を？」

「学校へ行こうとすると、途中でお腹が痛くなってトイレに行きたくなるので、家で排便しないと学校へ行けなかったので。」

「それは、医師の指示ですか？」

「はい。かかりつけの小児科医と相談して、しばらくそれで様子を見ようという事になって。」

「そうですか。」

少し間を置いて
「本人は学校へ行きたがっていますか？」

「いえ。行きたくないかもしれません。身体にケガをした時の傷が残っているのをとても気にしています。人に見られたくないんでしょう。中学校は他所の小学校の子も来ていますから、余計にイヤみたいです。」

「そうですね。大きなケガをされたんですからね。それでも、頑張って学校へ来ていたんですね。お母さんは、宏人君が学校へ行ってほしいとお考えですか？」

「はい。私は宏人に学校へ行ってほしいです。中学校で学ぶ事はたくさんあるはずです。家にいてはいけないと思っています。」

そう言い終わると私の目から涙がこぼれ落ちていた。何が悲しかったのか。良く分からないが、人前で涙を見せる事などめったにない私が、岩崎先生の前で泣いてしまった。これから先の宏人の事を思うと不安だったからだろうか。

「辛いでしょうが、一緒に頑張りましょう。」

と言って、岩崎先生は私の涙に答えてくれた。私は学校へ行かせようと思うあまり、宏人に負担をかけすぎていたのだろうか。学校へ行く事にこだわりすぎていたのか。と、思い返す事もある。でも、中学になって家に引きこもってしまう事が怖かった。閉じこもろうとする宏人を引っ張り出すのに必死だった。

【僕は行かない】

宿泊研修の当日がやってきた。荷物をリュックに入れジャージに着替えた宏人は

「僕は行かない。」

と言い出した。もちろん私は驚いて

「何で？　先生にもちゃんとお願いしてあるし、心配する事はないよ。」

この間の朝の出来事から少し学校へは行きづらくなっていたが、それでも何とか登校できていたし、突然、行きたくないと言われた事にどうしていいのか分からなかった。不安がある事は承知している。でもその不安を解消するいい機会になるはずだ。

「大丈夫よ。」

何度言っても、何を言っても頑として首を縦に振ってはくれなかった。

「当日のこんな時間になって、体調が悪い訳でもないのに、お母さんは学校に電話できないわ。行かないなら自分で電話して。」

最後は、怒鳴りつけるようにそう言った。宏人は自分で電話をし、今日の宿泊研修は欠席する

と担任に伝えた。当然折り返し学校から電話があった。

「すみません。どうしても行かないと言うので。こんな時間になって申し訳なのですが、宏人は欠席させてください。」

そう言うと、先生は無理に宏人を参加させようとはせず
「分かりました。」

とだけ言うと電話は切れてしまった。

「行かへん。」

と言った時の宏人の冷たい瞳。じっと私を見るその目は、自分の気持ちを分かってくれない親に対する怒りの眼差しだった。何度も「行きたくない。」と言いたかったのだろう。でも、言えなくて「行かなくては。」と、自分を納得させようとしていたに違いない。最後の最後になって、どうしても踏み出せない自分を理解してくれないのかと批難していたのだ。私は親としての立場を気にしていたかもしれない。行かないと言った宏人の気持ちを分かろうとするよりも、当日になって子供を説得できない無力さと、当日になって子供に背を向けられた惨めな気持ちが先に立った。また、学校からも子供への対応さえも出来ていない親ではないか、思われるのが辛かった。

「何で、今になってそんなこと言うたん。先生も困らはるよ。」

困るのは、親としての私の立場だった。宏人は全部分かっていて私の期待に応えようと、服も

着替えてくれた。でも、どうしても気持ちが言う事をきかなかったのだ。

「僕は始めから、行きたくなかった。」

最後に言葉を荒げて言うと部屋に入ってしまった。宿泊研修は、自分が他の子と何も違わないという事を自覚するためのせっかくのチャンスだったのに、私ががっかりしたのは当然だったが、それ以上に宏人は傷ついていただろう。

……行かなくては。

そう思う気持ちが、宏人には一番重かったかもしれない。しばらくして様子を見に行くと、宏人はベッドに潜り込んだままだった。

「宏人。もうバス出たね。」

時計の針をチラッと見て
「うん。」

とだけ言った。

「宏人。あんたがケガをしたときにお寺にご祈念をお願いしたんだけど。お礼に行ってないから今から行こうか。」

ケガをした日。出血がひどく、輸血が出血に追いつかないと言われた時。私は、もうこれしか宏人の命を救う道はないと思い。知り合いのお寺にご祈念をお願いした。そして、宏人は奇跡的に一命を取り留めたのだ。仏様が宏人の命を救ってくれたという証拠は何もないが、あの時、ご祈念をお願いしていなかったら、今、宏人はここにいなかったかもしれない。

「今日は学校がある日やで。」

と言う宏人を
「いいやん。親と一緒やし。」

と言って連れ出した。新緑が眩しい参道を二人で歩く。行き交う人はどんな用向きで、このお寺を訪れたのだろう。【真澄寺】と書かれたお寺の中はとても静かで、日常の煩わしさを忘れさせてくれるような荘厳な空気が漂っているように思え、宿泊研修に行かないと言われた時の、気持ちの動揺が静まっていくのが分かった。

「宏人は、このお寺に命をもらったのかもよ。」

私がそう言うと
「僕は、神仏は信じないし。助けてもらった覚えもない。」

不機嫌そうに言いながら、今朝よりも表情も穏やかだった。

……そうだよね。お母さんにも本当の事は分からない。仏さんが宏人を助けてくれたんじゃないかもしれないし、助けてくれたのかもしれない。今は分からなくても、いつか宏人の命が救われた意味が分かる日がくるのかもしれないね。救われた命を宏人なりに輝かせる事が出来る日がくるといいな。

　そんな事を思い、春の日差しを身体いっぱいに浴びて私達はまっすぐの道を歩いた。

【街の小児科医】

　宏人が入院していた三ヶ月の間、医療スタッフにサポートされて安心しきっていた。何かあるたびにヒヤヒヤしながらも、ボタン一つ押せば看護師が来てくれる環境。その環境に慣れすぎていたせいで退院したときは、いきなり大海に放り出されたような不安と寂しさを感じた。

　元気になったとはいえ、まだすっかり元に戻ったとは言えない状況で。病院にいたほうがどれほど安心できるかと思った。

　宏人は退院してからも、何度も激しい激痛に襲われ、その度にタクシーを飛ばして病院に走った。しかし、なぜか病院に着く頃には腹痛も治まっているのだ。夜中に腹痛を起こす事が多く、宿直の先生は宏人の担当医ではない。当然カルテからしか宏人の状態を理解できない訳で、異常はありませんね。と言われて不安の解消されないまま帰るしかなかった。

　大きな病院は確かに医療機器も揃っていて、何かあった時には頼りになるのだろうが、退院した宏人は、いち通院患者でしかなく複数の診療科を受診しており、ここの科は肝臓だけ、こちらは脳波、こちらはお腹。では、各科の検査結果を全部集めて、今、宏人がどんな状態に置かれているのかという事を教えてくれるところはなかった。細切れの診察。それでは納得できないところもたくさんあった。いつも、誰か宏人の身体の状態を総合的に分かって診てくれる医師がいたらいいのに、と不満に思っていた。そんな、私の希望する医師は、大きな病院にはいなかった。

そんな中、この先生なら何でも話せる。そう思えたのは近所の小さな小児科の女医さんだった。ケガをする前からのかかり付け医で、体調を崩すと診てもらっていた。ケガをした後に、たまま風邪を引いて診察を受けた時に、宏人の大きな術後の痕をみて
「これは、どうしたの。」

から始まり、その後、何かあると先生に相談した。宏人の状態を診て専門医を探し出してくださったのも、先生だった。

久しぶりにインフルエンザの予防接種に行った時、

「ずいぶん落ち着いて来たようですね。」

と、やさしい言葉をかけてもらった。細切れの診療しか受けられない大きな病院では、感じられない安心感をたくさん与えてもらったのだと思っている。


【不登校】

宏人が学校へ行けなくなるのに時間はかからなかった。何度か登校途中でお腹が痛くなり帰っ

て来ることを繰り返し、一度、下着を少しだけ汚したのを境に朝が起きられなくなった。

「宏人。もう起きなさい。」

「……。」

「学校に遅れるよ。」

「う……ん。しんどい。」

しんどいと言っても熱はなく。学校が始まる頃にやっと起きてくる日々。

毎朝八時半を回る頃に学校の電話が鳴る。私からの電話が。

「すみません。今朝、学校へ行くのが少し遅くなります。」

「分かりました。担任に伝えます。」

たいがい電話に出るのは、教頭先生で、了解したことだけを告げると電話は切れた。

「どんな具合ですか。」

と聞いてもらった事は一度もない。担任も宏人の体調は分かっているからなのか。あえて電話してきて体調を尋ねるまでもないと思ったのか、時間割の変更がないかぎり電話はなかった。

いつの間にか、先生だってサラリーマンだからと自分を納得させていた。授業をするのが教師の仕事であって生徒の体調や家庭の事情まで立ち入るのは、職務外なのだ。それ以上の事を期待してはいけない。そう思って学校とは一線を引くようになっていた。

小学校の時には味わった事のない孤独を毎朝感じた日々。一言。

「どんな具合ですか。」

と聞いてもらえたなら少しは救われたかもしれない。

学校は、あくまで普通に登校できる子だけに授業を提供しる場であり、個人の都合で登校しない生徒は完全に無視する。そんな空気があった。確かに学校はとても荒れていて、先生もうんざりしていたかもしれない。しかし、思いやりのかけらもない学校の態度は、私と宏人を孤立にさせた。でも、だからと言って、すごすご後ずさりしていたのでは、本当に親子で共倒れになる。私も言うべき事だけは教師に要求したつもりだ。教師も要請を受ければ立場上無視できない。多少はこちらの様子に配慮してくれたが、学校と私の間にできた溝は深く。卒業するまで埋まる事はなかった。

「この頃、学校へ行けなくなりました。」

カウンセラーの岩崎先生に弱音を吐露すると、先生は
「宏人君だけじゃないんですよ。学校へ来れない子は、今たくさんいますよ。」

私が深刻にならないようにと言葉を続けて
「この頃じゃあ、うちの子は学校へ行かないならそれでいいです。って言う親御さんもいるくらいですから。」

「そうなんですか？」

驚いた。何と子供に対して見切りをつけるのが早いのだろう。私はそんな風に簡単に子供を家に置いておけない。

「宏人君を学校へ行かせたいですか？」

「はい。」

先生からの質問に戸惑う事はなかった。

「なぜですか？」

「なぜ？」

理由を聞かれる事のほうが不思議に思えた。

「中学校で学ぶ事は勉強以外にもたくさんあります。宏人の年齢で部活や友達関係から学ぶ事は今でないと出来ない事だと思います。なのに家に居てゲームばかりしていては、大人になってから社会性のない人間になりそうに思えるのです。」

そうなのだ。私自身も中学で学んだ事はたくさんあった。友達と過ごした時間。喧嘩もした。影で友達の悪口を言って、後でとても落ち込んだ事もある。自分の二面性に悩んだりもした。部活も必死で取り組んだ。来る日も来る日もクラブに明け暮れて過ごした。強くなりたい。そのために努力もした。どうしたら勝てるだろうか。どれほど努力すればレギュラーもなれるのか。後輩には負けたくない。負けた悔しさも何度も味わった。中学校で経験した達成感も挫折感も全部自分の血となり肉となっている。それを実感しているから、学校へ行かない宏人をほっておく訳にはいかなかった。

宏人は怖いのだ。外へ出るのが。自分は他の子とは違っていると決めつけている。普通じゃないから学校へも行かない。いや、行けないと思い込んでいるのだ。このまま自分を特別扱いして卑下したまま大きくなってしまったら、自分の殻から出られない大人になる。

宏人は、普通だし他の子と何も違わないという事を教えてやりたかった。多感な時期なのは分かっている。経験がないから頭で考えて、ケガした事も自分がおかしな人間で、だから自分から飛び降りたのだと思っている。あれは事故なのだ。自殺でもなければ、頭がおかしかった訳でもない。宏人にはたくさんの力があるから生きているし、生きてく能力も十分持っている、それを教えてやらないと、宏人は人生の羅針盤を見失ってしまう。そう感じていた。宏人を学校へ行かせるためならなんでもする。そう思っていた。

私の思いは宏人には重荷になっていたのかもしれない。私は子供に情をかけすぎていただろうか。それが返って子供の自立心を削いでしまっていたのだろうか。しかし、私に与えられた人生の多くの時間を費やすことになっても、このまま宏人を捨て置いて私が前に進む事はできなかった。

岩崎先生は、私の眼差しに全てを読み取ったように、
「お母さん、宏人君は大丈夫だと思います。」
と言ってくれた。この一言がずっと私を支えてくれた。

【一緒に歩く道】

いつの間にか、毎朝、宏と一緒に学校へ行くのが日課になっていた。朝も起きられなくなり友達とも登校できない。学校へ向かうと必ず途中でお腹が痛くなる。だから学校へ行かない。そんな我が子を放っておく訳にはいかなかった。

一人で行けないなら、お母さんと一緒に学校へ行こう。途中で帰ってもいいよ。何度でも学校へ向かって歩く。一日は長いのだ。家から出る事が大事だから。

「宏人、もう起きる時間よ。」

八時を過ぎるくらいから必死で起こす。やっと起きてくるのは八時半。もう学校が始まる時間だ。いつの間にか遅刻の電話もしなくなった。もちろん、遅刻しても学校からは電話の一本もかかってこない。

家を出るのは、たいがい9時を少し回ってからになった。夏に向かう季節、強い日差しが容赦なく降り注ぐ、日傘を差しても暑さで汗がにじむ。宏人は不機嫌に歩き、途中でお腹が痛いと言

い出す。

「あの信号まで行けない？」

と、聞く私に
「あかんわ、帰る。」

と譲らない。仕方なく来た道を学校へたどり着けずに引き返す。来たときより歩く速度を速める。団地の階段は一段抜かしで駆け上がり、そのままトイレに。小一時間は出て来ない。台所で宏人を待つ。もう三時間目が始まろうとしている。イライラする。

やっとトイレから出て来た宏人をつかまえて
「もう一度、学校へ行こう。」

玄関へ誘うが
「まだ、お腹が痛い。」

と言って、あっさり拒否されてしまう。

「昼過ぎてもいいよ。学校は6時間目まであるから。」

と、宏人に言いながら、自分に言い聞かせている気がしていた。

暑い日差しの中を歩くと宏人の身体はじんましんで真っ赤になった。ベッドに寝そべって扇風機を回し身体を冷やす。本人は、もう欠席と決め込んでいるのか急ぐ様子もない。時計の針は十一時を回ってしまった。

「そろそろ行こうか。」

宏人に声をかけると
「ええ、今から行くん。」

と気のない返事。

「まだ、学校終わってないよ。」

嫌がる宏人を、ベッドから引きずり出すようにして連れ出す。

「暑いね。」

さっきより、さらに日差しは強くなっている。

蝉がうるさく鳴く木々の下を学校へ向かって歩く。アスファルトの道は陽炎が立ち上るほど煮えている。歩く足元から熱気が上がって来て息苦しく感じる。

「日陰を歩こうよ。」

二人で日陰を探して歩く。いつの間にか私の背を追い越してしまった宏人は不機嫌そうに憂鬱そうな顔をしている。それでも私と一緒に歩く事を拒んだことはなかった。気持ちのどこかに学校へ行きたいという思いがあったのだろう。

「ケガをした時、宏人とこうして歩く事ができるとは思わなかった。よく助かったよね。」

同じ話を何度したことだろう。命が救われた意味をいつの日か知る日がくるだろう。その日のために、今日も頑張って学校へ行こう。私がそう話すと宏人は決まって
「僕が生きてる意味ってなんなん？　何にもないやん。」

と、つまらなそうに言うのだった。

「そんな事はないよ。今は学校へ行くのも辛いかもしれないけど、いつか、がんばって学校へ行って良かったと思える日がくるはずやし、今日の事もいつか良い思い出になるよ。」

そう宏人を励ます。と言うよりも自分を励ましていた。

トボトボ歩いていると遠くに学校が見えてくる。たいていこの辺りで宏人の足が止まる。

「お腹がまた痛くなりそうやし帰るわ。」

「帰るって、学校はすぐそこよ。」

「トイレに行きたい。」

「学校で行けばいいやん。」

「学校で行くのはいやや。」

「何で？　家に帰る方が遠いのに。」

宏人にとって距離は問題ではない。学校でトイレから出られなくなるのが怖いのだった。

「学校へ行こうよ。」

「そんなに行きたかったら、お母さん一人で行ったら。僕は帰るし。」

立ち尽くす私に背を向けて、学校から遠ざかる宏人の後ろ姿をしばらく眺めて。

……戻って来て。

と願うが、宏人は角を曲がって見えなくなってしまった。自転車を押していた私がペダルを漕いで宏人に追いつくのはすぐだった。

「ほんまに学校行かへん？」

「うん。」

仕方なく来た道を帰る。昼間の太陽の下で学校を前にして戻る道のりは長く辛かった。今日も行けなかったという敗北感も手伝って悲しくなる。けれど、その気持ちを宏人にぶつける訳にはいかない。もう、お母さんとは行かない。と言われたらおしまいだ。

「少し、休んで帰ろう。」

足が自宅に向かうと腹痛も治まるのがいつもの事だった。公園のベンチに座り缶ジュースを飲む。

「もう、昼ごはんの時間になったね。」

「うん。」

「明日は行けるやろか？」

「さぁ。」

「でも、行ってみるよね。また途中で帰っても。」

「うん。」

冷たいジュースを一息に飲む宏人の喉は、ゴクゴク音をたてていた。暑さで火照った体に水分がしみこんでいく。


【学校へ……】


毎日、宏人と歩いた道。傍から見ていると、不思議だったかもしれない。

……何で、あの親子。毎日一緒に学校へ行くの？

そんな風に思って、私達の事をベランダで洗濯物を干しながら眺めていた人もいただろう。

宏人は、どんどん昼夜逆転の生活が酷くなり、明け方まで起きていて朝が起きれない。どんなに揺すっても叩いても、起きてくれない。

「朝日を浴びることが大切です。体内時計の歪みをリセットしてくれるのは朝の太陽の光ですから。」

と、岩崎先生からもアドバイスをいただいていたので、何とか朝のうちに外へ連れ出そうとした。

頑張って学校へ行こう。二人で出掛けては、途中で引き返す。家に戻り、もう一度学校を目指す。やっぱり行けずに引き返す。学校へ行けたのは、二日に一回くらいだっただろうか。

もう十時を回った時間に学校へ向かっていると、私達とは逆の方向へ歩いている中学生を何度も見かけた。

「あれ？　あの子、どこに行くんやろう。」

「家に帰るんちゃう。」

学校は授業時間のはずだ。

特に驚いた様子もなく宏人が言う。

「帰るって、学校は？」

「おもしろくないし、帰るんやろ。」

……おもしろくないって。

「家でなにするんやろね。」

と言う私の疑問に
「さぁ。」

と、あまり気にもならない様子。

きっと目的があって家に帰るのではないだろう。そして、きっと目的もなく学校へ行ったのだろう。だから途中で学校を抜け出しても平気なのだろう。その後、通学時間帯を過ぎてから制服のまま外を歩く生徒を何度も見かけた。特に変わった様子もなく、服装もちゃんとしているし髪の毛を染めている訳でもない。ごく普通の生徒が、学校を抜け出して行く。うつむき加減に歩く子供の姿は、寂しげで、リュックが子供の背中に重くのしかかっていた。重いのはリュックではなく家に帰るしかない行き場のない子供の心のような気がした。先生は学校を抜け出す生徒とちゃんと向き合って話を聞いてやっているのだろうか。子供の不安や寂しさを受け止めてくれる器は、どこにあるのだろうか。思春期の揺れる心のよりどころがあれば、子供達は学校から抜け出したりしないだろう。子供が親御さんとちゃんと向き合って生活していたら、ひとりフラフラと人通りのない道を目的もなく歩くこともないのだろう。中学生の置かれた現状を見せ付けられた気がした。

「小学校の頃は、皆いい子なんですよ。」

小学校の校長先生の言葉を思い出す。

宏人と歩いていると、小学校の教務主任の先生が自転車を飛ばしてどこかへ向かっているのも何度か見かけた。行きは一人で戻って来る時は、後ろにランドセルをしょった子を乗せている。学校へ行けない子を迎えに行ったのだ。咎められることもなく学校を抜け出す中学生と、先生にすがり付いて学校へ行く小学生。そこには学童期と思春期の違いもがあるとしても、大人の、そして学校の子供に対する姿勢の違いが際立って見えているようだった。

もし、私が宏人を放っておいて仕事を優先させていたらどうなっただろうか。いつか自分で気がついて外へ出るようになったのだろうか。その答えは誰にも分からない。ただ、今になって分かることは、私は宏人を放ってはおけなかったという事だろう。

宏人と歩いた通学路。二人で話したこと。喧嘩したこと。ぶつかり合いながらも私達は学校へ、外へ、気持ちを向けて行こうとしていた。


【命の重さ】


太陽の照りつけるあの夏の日々。私と宏人はたどり着けない学校へ向かって毎日毎朝歩き続けた。あの角を曲がるまで、あの公園まで、もう少し、もう少し頑張って、でもたどり着けずに、焦燥感と挫折感をおみやげに家に帰る。

……このままではいけない。

そう思えば気持ちが焦り、学校へ行けない宏人に腹を立てることも、しばしば。

一番辛いのは宏人だったはず。分かっていても、学校へ行きたくても行けない悔しさを自分でもどうする事もできずにいる宏人に向かってやさしくなれない自分が情けなくもあった。

しかし、ただ、やさしく宏人の事を包み込んであげて、いいよ。いいよ。と許してやって、いつか学校へ行けるようになっただろうか。こうすれば、宏人はこうなる。という方程式があればいいのに。宏人の将来を予測するものはなにもない。今、自分のしている事の先が見えない焦りだけが先走るばかりだった。

その日も、いつもの通り十時を回ってから学校へ向かった。太陽は高い所から私達に向かって強い日差しを照りつけて来るし、地面からは熱せられた地熱が沸き上がってくる。踏みしめる足元に溶けそうなくらい暑くなったアスファルトの感触が柔らかい。

宏人は、いつも以上に足取りが重く、家を出てすぐに帰りたいと言い出した

「もう帰るわ。」

「何で？」

ちょうど、山際の道を日陰を選びながら歩き、史跡公園への坂道を登った所で宏人の足がピタリと止まった。私達が住む団地が、まだすぐそこに見えている。公園は小高い所にあるので、五階にある家のドアや台所の窓がとても近くに感じる。ここでもう引き返すというのか。

その時、宏人は吐き捨てるように言った。たぶん、今まで言えなかった悔しさがいっぺんに吹き出したのだろう。

「お母さん。僕は何で学校へ行かなあかんの。」

宏人は、その言葉に答えが欲しかったのではない。私が言葉を返すより先に

「僕は、何んで生きてるん。何で、あんとき死なへんかったんやろう。死んどけば良かった。ほんまに助けてほしくなかった。もう死にたい。」

宏人の言葉は大地に叩き付けられて、私の体に跳ね返ってきた。

……死ねば良かった。

言ってはいけない言葉だと分かっていたはず、でも、言わずにいられないくらい宏人の心は追い詰められていたのだろう。

私の中に、悲しみというより、怒りというより、「そうだね」という同調してしまうような弱い気持ちがじわっとゆっくり湧きあがってきた。そんな気持ちに支配されながら体中の力が抜けて行くのを感じた。脱力してしまいながら、ケガをした日の宏人の顔が目に浮かんだ。転落した痛みでうめき声をあげていた。その唇は真っ青で背中の骨が折れていたから、体をよじる事もできずに、まるで獣のような形相で苦しんでいた。

あの時、宏人の命が終わっていたなら、宏人の命はあのまま天国に行く事ができたのだろうか。助かってはいけない命が、今、こうしてこの世にある罪深さに宏人は苦しんでいるのだろうか。

ただ、救われる事だけを願った日。救われた命の重みに苦しむ事になるとは思いもしなかった。

この苦しみの先に穏やかな日々が待っているという約束もない。

ふと目を落とすと、そこには夏の太陽に照りつけられたカラカラの大地に必死でしがみついて緑の葉を精一杯に広げている雑草がけなげに生きていた。鼻の奥がツンを痛く感じて目から暑いものが込み上げてきた。下を向いたままの私の目から落ちたわずかな水分は、水を求める乾燥した雑草の葉にあたり、乾いた大地をほんの一滴濡らした。

「宏人、そうやね。あの時死んでたら良かったのかもしれないね。」

本当は、そんな事を言ってはいけない。本当は生きていてほしいのに。

「あの時、死んでいたらこんな事で苦しまなくても良かったのにね。宏人、ありがとう。この一年間、生きてくれて本当にありがとう。お母さんは、一年。一生懸命宏人のためにしてこれて本当に良かった。でも、もういいよ。そんなに辛いなら、もう、その命を終わりにしても、お母さんは悲しまないよ。」

まだ一緒に頑張れる。そう言いたかった。そんな弱気な事でどうするの。と言いたかった。でも強気な言葉は口をついて出て来なかった。

宏人に背を向けると、私は来た道を一人で引き返し、もう振り返らなかった。

……宏人は、このままどこかへ行ってしまうのだろうか。

そんな不安から何度も、後ろを振り返りたいと思ったが。その気持ちを我慢してひたすら歩いた。

……決めるのは宏人自身でいいのかもしれない。

引き返して宏人の肩を抱いたら、宏人は一人で立ち上がる力を持つ事ができない気がした。

……帰って来るなら、自分で決めて自分の足で帰って来て。それでないと宏人は生きてはいけない。

きっと帰ってくる。そう信じて宏人を残して、私は公園から遠ざかって行った。


【私達の根っこ】


宏人を残し、ひとり家に帰ると台所の椅子に体を丸めるようにして座り、止まらない涙を拭った。悲しみとも、怒りとも、絶望感とも思えない沈み込んだ心が重くのしかかってくる。

「はあ。」

深いため息を吐いて、涙で濡れたティッシュにぼんやり目を落とす。私はここに居て、ここで生きている。立ち止まってどうする。心が沈みきった後は浮かび上がるしかない。

そう思った時、部屋の蒸し暑さに気づき閉め切ったままの窓を開けた。北向きの窓からほんの少し涼しい風が入ってきた。開けた窓から、山際の道をうつむいて歩きながら戻って来る宏人の姿が見えた。

宏人が一番辛いんだ。

生かされた命の重さに苦しんでいる。まだ、自分の姿がちゃんと見えてないのかもしれない。

自分は他の子とは違うと、決めつけている。ケガをした負い目を拭いさる事のできない辛さ。わずか十三歳の子供に、広く世間を見てごらん。色んな人がいて、皆一生懸命生きている。自分の殻に閉じこもってはダメだ。と、いくら言っても、十三年分の人生しか知らないのだから理解できないのも無理はない。

でも、宏人は戻って来た。命を捨てては行けない事は分かっているのだ。ただ、どうしたら他の子と同じようになれるのか分からなくて、投げやりな事を言ってしまったのだろう。そんな事を思いながら宏人の姿に安心して、もう一度椅子に座った。そのうち開けっ放しの玄関から宏人が帰って来ると、何も言わずに自分の部屋に入って行った。

宏人の気配を感じながら、私は自分が捨てて来た故郷の事を思っていた。二十歳の頃、親や親戚とのしがらみを煩わしく思っていた。いつも、私の前には「○○さんとこの娘さん」という形容詞が付いていた。私が私である前に、いつも親や親族の影がつきまとっている事が嫌だった。私は私でありながら私ではいられない。そんな思いがして、一人で生きて行きたいと向こう見ずな事を考えていた。そして、自分にまとわりついた、血縁者から遠ざかり、自分に繋がっている物全てを捨てて生きて来た。だから、子供たちにはお爺ちゃんやお婆ちゃんの話をした事がなかった。子供たちは自分にそんな血のつながりがあることさえ、私が離婚するまで知らなかった。

強がって生きて来たけれど、やはり本当に困った時に助けてくれたのは、私が捨てて来た故郷にいる母親だった。それは私の根っこなのだとやっと気づいた。

……私は間違っていたな。

根っこに生かせれていた自分だった事に気がつくのに、随分時間がかかってしまった。

今、宏人にも、その事を伝えてやらなければならないのかもしれない。宏人にも繋がっている根っこがある。お前は浮き草ではないのだ。という事を、しっかり教えてやらないと前に進めない気がした。やはり、人は鎖のように繋がって生きていくべきなのだと、遅すぎたかもしれないが、気がついた。

宏人は帰って来ると、そのままベッドに倒れ込んでぼんやりしていた。冷蔵庫から冷たいお茶を出すと、それを持って宏人の部屋を覗いた。

「宏人。はい。お茶。」

体を起こしてコップを受け取ると、宏人は黙って冷たいお茶を一息に飲み干し、少し安心したような表情をみせた。宏人は待っていたのだろう。戻って来た自分を母親が受け入れてくれるのを。私から手渡したのは、お茶と「おかえり」の気持ちだったかもしれない。

「はあ。疲れたな。」

コップを脇に置くと、背伸びしながらベッドにもう一度倒れ込んだ。今度は、とてもリラックスしている様子。

「宏人。夏休みにお婆ちゃんの所に帰ってみる?」

唐突な私の言葉に、宏人は意表をつかれたような顔をして
「お婆ちゃん?」

と、不思議そうな顔をした。

「入院中も、ずい分助けてもらったし。元気になった姿を見せてあげて、お礼を言わないとね。」

病院に居る間、何不自由なく過ごせたのは、お婆ちゃんのおかげだった。

「ああ。そうやなあ。でも、僕会った事ないからなあ。」

会った事ないから会いに行くのよ。お母さんも十九年会ってない。


【再会】


2003年夏。私は子供を連れて実家のある山口に向かった。もう二度と帰らない。どんなに辛い事があっても泣きつかないと、心に決めていたが、やはり間違っていたのは私のほうだった。自分の間違いに気づくのに長い時間がかかってしまった。

母は、私が家を飛び出してからといもの、どんなに辛かっただろう。父からも責められただろうし、姑である祖母からは言うまでもなく親戚一同から娘の育て方がなってない。と言われたに違いない。本来、母に会わせる顔なんてない私である。

家を出てから、私自身も子どもの親になり、初めて母のありがたさを知った。そして、あれほど私を止めようとした理由が初めて分かった。

長女が生まれて、私の腕の中で安心しきって眠る赤ん坊の姿に愛しさを感じた時、もしこの子を失うような事が起きたらと思い、娘を失った母の気持ちが胸に迫ってきた。母もまた、私が乳飲み子の時から、こうして胸に抱いてくれていたのだ。自分には記憶のない赤ん坊の頃から、母はずっと私を見守ってくれていた。その娘が幸せになれない結婚をしようとすれば、必死で止めるのは当たり前だっただろうし、娘が出て行ってしまった悲しみは、どれほどのものだっただろう。

若すぎて人生を知らなかったとはいえ、あまりに愚かな選択だった。それでも負けたくないという傲慢な気持ちでただ必死に生きて来て、その結果が宏人のケガだったとしったら、あまりにお粗末すぎる。そうなのだ、私は全ての事を母に対して詫びなければ、宏人も他の子も先には進めない。掛け違えてボタンが、さかのぼって架け直さなければ元には戻せないのと同じ事かもしれない。

すでに祖母は亡くなり父も亡くなって、私を育んでくれた人たちにたいして、この世で頭を下げることはできなくなっていた。父には最期に一度だけ会って親不孝を詫びる事ができたが、祖母は再会できないまま旅立って逝った。

私を育ててくれた街の空気や景色にちゃんと会えるだろうか。私は会っていいのだろうか。そんな不安を抱えての帰省になった。

子供達も初めて祖母に会うのだ。自分達に繋がる血縁者がこの世にいることさえ知らずに育った子供達。どんなふうに、自分達の母親が育った景色を受け入れるのだろうか。

暑い夏の日。私は十九年ぶりに我が家の前に立った。子供の頃、親しんだ田んぼばかりの田園風景の中に高速道路が走り、近くにはきれいな公園が整備され、まったく私の知らない場所に様変わりしていた. 近所の家も高速道路建設に伴って立ち退きになり、家並みもすっかり変わってしまっていた。そんな中で、私の育った家だけは昔のままでそこに建ち続けていた。まるで私が帰って来るのを待っていてくれたように。

子供の頃、とっても大きいと感じていた家の瓦が小さく見えた。この家を出てからたくさんの経験をしたせいで、重圧を感じていた家の重さを感じなくなっていたのだろうか。

そっと門を入る。昔は稲刈りをした後に籾を干していた広い庭には灯籠や松が植えられ奇麗な庭に様変わりしていた。もう、天日で籾を干す事もないのだろう。家も奇麗に直されていたが、玄関の引き戸だけは昔のままで見覚えのある日に焼けて赤茶けた色をしていた。昔、お婆ちゃんと一緒に写真を撮ったままの玄関がそこにあった。

ここが私の生まれた家。そう思って周りをグルリと見渡した。子供たちも何にも分からずに家の様子を窺っていた。

「よし子。」

玄関に向かった私達を横手から呼ぶ声がした。私を呼んでくれる懐かしい声。十九年ぶりに聞く声なのに昨日も聞いていたような柔らかく親しみのある声。声の方を向くと、そこには帰って来る娘を待ちわびていてくれた母がいた。

小さくなった母。長い間苦労をかけた母は、柔らかい笑顔で私達を迎えてくれた。

「母さん。」

そう言うと、私は母に向かって頭を下げ、顔を上げる事ができなかった。

……長い間、あなたを苦しめた娘が、結局はあなたの心配した通りの人生を送り、やっと帰って来ました。あの日、家を出てしまって、ごめんなさい。長い事ご無沙汰して、ごめんなさい。

たくさん謝りたかったのに、何も言葉にする事はできなかった。

父が亡くなる前。最期に私に言った言葉を思い出す。

「いつか、お前も家に帰れるようにしてやるから。」

父は知っていたのかもしれない。父が亡くなった後に離婚して、宏人が大ケガをしてやっと自分の過ちに気がつく日がやって来るのだと。離婚して孤独だった時も、宏人が命を落としそうになった日も、父は見守り続けていてくれたのだろう。

お前が一番悲しませた人にいつか、頭を下げて会いに行けと。

……父さん、随分回り道をしたけれど、私はやっと母さんに頭を下げに帰る事ができました。

懐かしい故郷の土の上に立ち、下を向いたまま、父に報告した。


【懐かしい故郷】


母の目に光る物が浮かんでいた。そして、流れ落ちた雫の意味が痛いほど分かった。

「母さん。ごめんなさい。」

そう言うのが、精一杯だった。私の目にからも涙がこぼれ落ちた。

「おかえり。」

その言葉は、二度と聞けないと思っていた。

母は、黙って頷き、

「もう何も言わなくていいよ。」

と言ってくれていた。

「良く帰ってきたね。」

眼差しが、暖かく私達を迎え入れてくれていた。

私が出て行った時、五十代だった母は、七十を迎えようとしていた。年齢を感じさせる顔のシワは、私が作らせてしまったものだったかもしれない。

……ごめんなさい。

を、何回口にしても言い足りないだろう。ただ、涙を流している私の手を取り
「さあ。中へお入りなさい。」

と言ってくれた言葉には、変わらない母のぬくもりがあった。

「あんたらも、よう来たね。」

初めて会う孫の顔を嬉しそうに眺めながら中へ入るように促してくれた。子供たちは祖母の前で緊張し、少し照れながら
「こんにちは。」

と、頭を下げた。初めて見る場所、初めて会う人たち。ここで自分たちの母親が育ったことが不思議に思えたかもしれない。京都しか知らなかった子供達が、自分たちに繋がる場所を見つけたのだ。

目の前に居る人が、母の母でその人の血が自分たちに繋がっている。母の後ろには、子供達の伯父と伯母にあたる兄と兄嫁、そして従兄弟たちがにこやかに私達を迎えてくれた。

「兄さん。ご無沙汰してすみません。お義姉さん、はじめまして。」

兄嫁に会うのも初めて、その子供達に会うのも初めてだった。兄家族の穏やかな表情は、母が

今は心穏やかに幸せに暮らしている事を私に教えてくれていた。

「よう帰って来たな。まあ、中へ入り。」

兄に促されて、私は懐かしい家の中に入った。

私は子供の頃、ずっとこの家の暖かさに包まれていた。祖母が居て父が居て、大叔父が二人いて、叔父と叔母がいて、たくさんの人に愛されて大きくなったのに、その恩を忘れ、そっぽを向いて生きて。故郷にたいしても、私の子供達にたいしても申し訳ない事をしていた。

家に入ると、まず仏壇に帰って来た報告をした。玄関を入った所の懐かしい欄間。昔のままの床の間。何も変わっていなかった。子供の頃、祖母と過ごした縁側もその当時のままに、私の記憶にあるのと同じ日差しが今も降り注いでいた。昔、リンゴをむいてくれた祖母の温もりが、消えずにそこにあるのが分かった。祖母は、縁側に座り、たくさんの愛情を私に注いでくれいたのだと気づく。

開け放たれた襖の向こうには仏間があり、子供の頃、何度も見上げた遺影が並んでいた。一人ひとりの眼差しが暖かくこちらに向けられて、写真から浮き上がってくるような魂を感じた。並んだ遺影には、以前はなかった祖母と父の写真も一緒に飾られている。

「父さん、お婆ちゃん。よし子です。やっと帰って来ました。」

語りかけると、二人は

……いつか帰って来ると信じていたよ。

と笑って、もう聞く事のない祖母と父の声が私の心に響いてくるのだった。子供達も初めて見る写真に、私が子供の頃感じたものと、同じ魂の声を聞いたにちがいない。

仏壇に線香をあげ、手を合わせ。やっと掛け違えたボタンを掛け直せた気がした。

迎えてくれた母や兄の家族。そして会いに来てくれた妹の家族と、つきない話に時を忘れた夏の日だった。

宏人も佐織も治人も、自分たちの根っこに会えた事を大人になっても忘れないだろう。

……母さん、本当にごめんなさい。そして、私達を受け入れてくれて、ありがとう。

【夏が過ぎ】

あの夏の日の出来事が子供達の人生にどれほどの意味があったか、今は分からない。これから、私が母にしてあげられる事がどれほどあるかも分からない。大きな事は望まず、大きな事をしようとも思わず、自分の出来る事をコツコツして行けばいいのだろう。

宏人は、中一の夏。初めて祖母に会いとても照れくさそうだった。他の子も同様だったけれど、その表情には大事な物に出会えた喜びのような輝きがあった。

京都に帰ってから、宏人は病院の診察を受け、以前から医師に相談していた通り、怪我をした時にできた傷を取る手術を受ける事に決まった。手術は二回に渡って行われる。最初の手術が十二月。そして、もう一回。年が変わって二月に行う。

体の傷を完全に消すことはできないが、目立たなくすることはできる。それで宏人の気持ちが少しでも楽になるのなら手術は受けるべきだろう。というのが医師と私の判断だった。もちろん宏人もそれを望んでいた。入院は手術の時に一週間程度、手術と手術の間は学校へ行く事ができる。と説明を受けたが、宏人は治療が終わるまで学校を休む事を希望していた。

中学の教師からは、学校を併設している病院へ入院する事をすすめられた。主に喘息やアトピーのある子が治療を受けながら併設された学校へ通っている。その病院の存在は知っていたが、転校と転院が必要だった。

今までも学校へ行けなかったのだから、治療を受けながら勉強もできるなら一石二鳥と教師は思ったかもしれない。でも、いったん学校を変わってしまうと治療が終わって元の学校へ戻る時には本人もかなりのエネルギーが必要だろうし、転校した学校に慣れるにも時間がかかるだろう。そもそも宏人が熱せん妄をおこし怪我をした原因には、親から愛情をかけてもらえなかった。ということがあったようにも思えていた。できるだけ、宏人に寄り添ってやりたい。教師からの申し出は断った。

教師がどれほど私達親子の事を理解したうえで、申し出てくれた提案だったかには疑問を感じる。ただ目の前の問題を処理するための手段でしかなかったのではないだろうか。

「先生、せっかくですが、宏人の育った環境などを考えても、私は宏人を手元に置いてやりたいと思います。」

　私がそう言うと、教師は
「そうですか。分かりました。パンフレットはお渡ししておきますので、お家でよくご覧ください。」

　私の前に、その病院の施設内容が書かれたカラー印刷のパンフレットを差し出した。この学校よりも、随分奇麗な学校だった。

　今の宏人には、勉強が遅れることよりも、地域の学校と繋がっている事の方が大事だという気がした。宏人に自分を特別扱いしてほしくなかった。怪我をしたこともひっくるめて、周りの友達と同じなのだと言う事をしっかり理解してほしい。そのためにも学校は変わらないほうがいいと、私なりに判断した。最後に教師に聞いてみた。

「あのすみません。宏人が学校へもなかなか通学できない状況で、この学校に席があっては何かご迷惑をおかけすることがあるのでしょうか。」

「いえ。とんでもありません。そんな事は決してありませんから、ご心配なさらないでください。」

教師は否定したが、保護者と教師の間で信頼関係が構築されていない状況の中での提案だったので、かえって私には教師に対する不信感が増しただけだったし、そんな事を言われた事にとても傷ついてしまった。学校は学校の立場で申し出てくれた提案だったのだろうが。

何はともあれ、宏人は三学期学校に行かなくて良い。という事を決めた。手術が全て終わるまで家で自宅学習することにした。その事は、私にとっても宏人にとっても毎日の登校から解放されて少し気持ちを楽にする事が出来るという事だった。

学校を休んでまで、治療を受ける事で宏人はきっと一歩前に出る事ができるようになる。そう信じていた。

【うつ】

自分の中で何かがおかしいと感じ始めたのは、実家に帰りお墓参りをして、しばらく立ってからだったかもしれない。

頭痛がする。

頭が痛い、というよりもしびれるような違和感がある。頭の中が痛いのではなく頭皮に近いあたりに電流が流れるような感じ。日に何度か、その症状は現れしばらくすると治まり、また現れる。

決定的におかしいと思ったのは十月になってから。

今日が何曜日なのか分からない。

家事をしていて、フト
「今日は何曜日だったかな?」

と、思った時。いくら考えても何曜日なのか思い出せない。昨日が何曜日で今日が何曜日なのか。不思議なくらい頭の中のカレンダーが消え去っていた。すっぽりと切り落としたように。

「何で?」

しばらく考える。思い出せない.仕方なく手帳を見る。

「ああ。今日は月曜日だった。」

しかし、昨日の記憶がはっきりしない。どうした事か。やがて季節さえ分からなくなっている自分に気づく。ちょうど季節の変わり目だったので、外を歩いていて、急に、今が春なのか秋なのか。これから夏に向かっているのか。それとも冬に向かっているのか。分からない。どれだけ考えても、今が何月なのか分からない。普通ではないと感じた。そして、これはきっとうつなのだと自覚したのは、時々無性に死にたいと思う自分がいたこと。

子供が兄弟喧嘩をして、その場にいることに耐えられずベランダに出る。頭がしびれるように痛い。目の前にある手すりを乗り越える自分を想像している。

ここから落ちたら、楽になる。そんな事を考えていた。

宏人が転落した事で、ベランダから落ちる事を意識していた。

宏人も落ちたのだ、私も落ちる事ができる。この手すりを乗り越えたら楽になるのかも。

そんな事を想像する自分がいた。

……いけない。そんな事を思っては。

自分に言い聞かせる。でも、このままではきっと落ちようとする自分が、それを止めようとする自分を押さえ込んでしまう気がした。

そのうち、なんの躊躇もなく、私はベランダから宙を舞う。それで、全てがおしまいだ。

留まろうとする私に、楽になりたいもう一人の私が手すりを乗り越える自分の姿を想像させる。飛び越えたら、その先は真っ白で何もない世界。私は楽になるのだろうか。それとも永遠に続く苦しみの中へ沈み込んでしまうのか。

きっと、そんな事を天秤にかけられるうちは大丈夫だろう。手すりを乗り越える時は、何も考えないに違いない。そんな自分を想像してゾッとした。

「軽いうつ病ですね。」

医師からそう言われたとき、驚いたとうよりも安心した。

……やっぱり、そうだったんだ。

薬を処方されて、飲むと頭に溜った砂のようないらない物が流れ出して行くように楽になった。

……色んな事を一人で抱え込みすぎていたのかもしれない。

母が、どんなに心配しても

「大丈夫だから。」

と、明るく答えた。母に愚痴を言った所で心配させるだけだと分かっていたから、泣き言は言わなかった。

唯一、私が泣ける場所は中学校のスクールカウンセラーの岩崎先生の前だけだったかもしれない。何度、先生の前で泣いたことか。

学校へ行けない宏人と毎日、たどり着けない通学路を歩きながら、前に進めない事に焦り、カウンセリングの日には、堰を切ったように涙が流れた事もしばしばあった。

先生は黙って私の話を聞いてくれて、別に「ああしなさい。」「こうしなさい。」と、アドバイスをするでもなかったけれど、ただ、一言

「宏人君は、大丈夫だと思いますよ。」

と言ってくれた。仕事をしようとした時も、栄養士の資格を活かしきれていない私に

「もったいないですね。」

と、言ってくれた。だから、もう一度、勉強をしてみようと言う気にもなった。

少しうつ気味になりながらも、宏人と二人三脚で何とか乗り越えて来られたのは、きっと岩崎先生が居てくれたからだと改めて思う。

中学生になり、宏人と一緒に小学校へ通った道を久しぶりに歩いたことがある。この道を、退院して初めて歩いた日。宏人は何度も息切れがして立ち止まった。そうだ。二人で歩いた日からもう五年が過ぎようとしていた。頑張って小学校へ行った日の姿が、まだ、そこにあるように思えた。

辛かった中学校の事も時は押し流して行き、必ず道は開けて行く物だと感じながら、あの頃の自分を懐かしく思った。

【宏人と歩いた道】

結局、宏人は中学の時に三回手術を受けた。中一の時に二回。中二の時に一回。術後には辛いこともあったけれど、入院するのは、まんざら嫌でもない様子だった。

糊のきいた真っ白なシーツが掛けられたベッドに案内されて、

「ここが、今回のあなたのベッドですよ。」

三回も入院すれば、看護師とも、さすがに顔見知りになってしまった。

「また、よろしくね。」

ニッコリ笑って若い看護師に言われると、宏人も少し照れ気味に

「よろしくお願いします。」

と、笑っていた。

たった布団一枚の居場所が、宏人を全ての事から開放させてくれた。現実から逃避できる場所だったかもしれない。学校や部活や友達、家族も含めて全ての事から遠ざかれる場所。

このベッドに横たわっている間は、学校へ行かなくてもいいし、嫌な部活の事も考えなくていい。私と毎朝の通学もしなくていい。友達もいないけれど、仲良しの看護師がいてくれて退屈はしない。

「宏人、何か嬉しそうやね。」

カーテンを開けて入って来た私をみる瞳がとても穏やかだと感じた。

「えっ、何で。」

自分では気づいていないんだね。とっても安心しきった顔をしているよ。

でも、ここはお前の居場所ではないよ。

また、帰らないとね。

自分が居るべき場所に。

中一の時は十二月以降二月の学期末試験まで学校を休んでいたので、とてもリラックスしていた宏人だった。小学校の頃、見せていたやさしい顔が戻ってきていた。何者にも強要されない毎日が居心地いいのだろう。

でもね、十三歳のお前が家にばかり居てはいけないよ。今、学ぶべき事が家のドアの向こうにはたくさんあってね。それをしておかないと、お前はちゃんと大人になれないよ。

お前が子供のまま、ずっと大きくならないのならそれでもいいけどね。

お前は、やがて成人して自分の足で歩いて行かなくてはならない。

それは、誰にも変えられない。決まった道筋だから。

宏人、今は二人で歩いて行こうよ。

先が見えるようになるまで、ついて行ってあげるから安心して。

でも、いつか一人で自分の人生を歩いていくんだよ。

お母さんは、お前とずっと一緒にはいられないんだから。

これも決まっていること。

中二になったとき、もう学校へ一緒に行くのは辞めようと思った。調子の悪くなるお腹と付き合い方も、自分なりに心得てきていたし。自分の意志で、自分一人で歩いて行く事が大切だと思ったから。色んな事を母である私が決めすぎていたのかもしれない。もう宏人の手を少し放すべきだと思った。

宏人は、自分の意志で小学校から続けていたサッカーも辞めてしまった。サッカーボールは倉庫に入ったまま、ケガをした時に、皆が寄せ書きをしてくれたサッカーボールが一つ部屋に転がっているが、そのボールに触れる事もない。

結局、中学へは半分くらいしか登校できなかった。それでも三年で卒業させてくれるところが義務教育のありがたいところでもあるが、どんな子でも三年たったら、「さようなら」と言うのも無責任な気もした。

やがて、中三になり、進路を含めて進むべき道を決めなくてはならなくなっていた。教師は私立専願でないと進学は無理です。と言い切ったが、私は無理でもいいから公立を受けさせてほしいと言った。教師は
「併願になると私立も危ないですよ。」

と、心配したが、塾の模試の成績がそんなに悪くもなかったので、公立併願をお願いした。

「この内申点で公立に合格しようと思ったら、当日の試験でかなりの点数を取らないと無理ですけどね。」

教師はあきれたけれど、宏人と二人で相談してダメでもいいから公立にチャレンジしてみる事に決めた。

きっと、やればできる。

そう、願うしかなかった。

ダメでもいい。最初から諦めないで挑戦する事に意味があるのだから。


【卒業式】

中学三年間の色んな出来事を思い出しながら臨んだ卒業式。まだ寒さの残る三月。少し春めい

た木々の先に春の気配を感じながら、とても良いお天気の日に卒業式を迎える事ができた喜びを胸に、私は中学校へ向かった。

中一の時、毎日、宏人を連れて歩いた通学路を正装して一人で歩きながら、三年間を振り返っていた。

何度となく訪れた挫折感。背負った荷物を降ろしてしまいたいと、崩れてしまいそうな自分と向き合った日々。私は弱い人間だから、つい感情的に宏人を責めたことが申し訳なく思い出される。

宏人と学校へ向かいながら、いつも宏人の足が止まってしまった場所。行くの、帰るのと押し問答になり、結局引き返してしまったときに味わった敗北感。一人、帰って行く宏人の背中を見つめながら、目に映る全ての物に嫉妬を感じた。

私はこんなに不幸なのに、どうして世の中は平穏で幸せなのか。

何かに言いがかりをつけないと収まらなかった悔しい気持ち。

過ぎてしまえば、全てが思い出だった。七転八倒しながらも中学校卒業までたどり付く事ができた事に感謝の気持ちでいっぱいになった。

式場の体育館には、お世話になった教師の顔。そこにカウンセラーの岩崎先生を見つける事ができないのは残念だった。先生は宏人が中二になった年に転任されていた。宏人の進路が決まったら、先生にお礼の電話を入れるつもりでいた。

三年間、教師を信頼して宏人を学校へ預ける事ができなかったのは残念ではあったが、私達親子が、いつまでも周りの人に頼らず自分達の力で生きて行く強さを身に付ける事ができたのは、信頼関係がなかったおかげだったかもしれない。

静まり返った体育館。前に並べられたパイプ椅子は空席のまま。演台に飾られた見事な花が子供たちの門出を祝ってくれていた。小学校の時から数えて二度目の卒業式。命をつなぎ止める事が出来た日から、たくさんの困難を乗り越えて、また一つ階段を上る事ができたのだと感じた。

「これより、平成十七年度。卒業証書授与式を執り行ないます。」

進行役の教師の声が体育館に響く、その声の余韻が漂う中、在校生の拍手と床をはうようなクラッシック音楽に迎えられて、卒業生が入ってきた。胸に飾られた赤いバラの花が誇らしげな子供たちが、少し照れくさそうな表情で入って来た。ひとりひとりの顔を見ながら、入学した時のあどけなかった顔を思い出していた。

三年間の間にどの子も背が伸びて体つきもがっちりとして一回り大人に近づいていた。

次々と入って来る生徒の中にやっと宏人の姿を見つけた。神聖な式に臨んで、他の子同様神妙な顔つき。

……よくがんばったよ。

そんな思いを込めて拍手を送った。中学に入学するとき
「もう、学校へは行かない。」

と、宣言されてしまい、どうした事かと頭を抱えた日。

何とか入学式だけは引っ張って行って、後は半ば宏人をだましだまし、宏人の気持ちが学校から離れてしまわないように必死だった。

その間に桜が三回咲いて、冬が三回訪れた。学校へ行かないと言った宏人も、やはり友達と過ごすのは楽しかったようだし、学校へ行って勉強する事は自分にとって大切な事だと少しづつ気がついてくれたようだ。

卒業生が全員着席すると、続いて卒業証書の授与が行われた。一組の宏人は十番目くらいに名前を呼ばれた。

「はい。」

ケガをした時に人工呼吸器を付けていたせいで出にくくなった声で、それでも精一杯の大きな声で返事をし、壇上に上がる。校長先生から卒業証書を受け取ると一礼して、壇上から降りる時にこちらを向いて、もう一度、一礼した。

「良かったね宏人。卒業式を迎える事ができて。」

私の隣に座った仲良しのお母さんが、そっと小声でささやいた。小学校の頃から仲良しのお母

さんは，宏人がケガをしたときも、なにくれと世話をしてくれた。

「うん、ありがとう。」

そう言って、顔を見合わせた私達の目には涙が光っていた。

宏人は中学校を卒業し、明日はいよいよ公立高校の合格発表の日だった。多分、教師は受験生の中で不合格になる生徒の筆頭に宏人の名前を頭に浮かべていることだろう。私立の合格発表はもうすんでいる。私も公立は無理だと思っていた。私立に行かせるつもりではいたが、受験せずに諦めたくなかった。宏人は、不合格を確認するために、明日の朝、高校の掲示板の番号を見に行かなければならない。


【扉を開けて】


合格発表の日は、前日の卒業式とは打って変わって冷たい雨だった。ベランダから雨の強さを確認する。

「今日は、雨降りやね。」

起きて来た宏人に言った。

「雨なん。」

こういう日は、できれば晴れてほしかったね。お互い胸の内でそんな事を思っていた。

……雨でも行って来ないとね。

「9時からやったね。」

「うん。」

「一人で行ってきてくれる。」

「分かった。友達と行く約束してるし。」

「大丈夫よ。私立に行けば良いし。まあ、取り合えず確認だけ行ってきてよ。」

変な励まし方だ。もう不合格は決まっていると言わんばかりの言い方になった。一生懸命やったんだから結果は、もうどっちでも良い。そんな気持ちで、せめて声だけは、明るく。そんな私の気持ちを十分わかっていたのか。

「分かってるって。」

と、宏人の声も明るい。でもその後の言葉を宏人は言わなかった。

……分かってるって、不合格なんは。

と言いかけたのかもしれないが、さすがに自分で、その言葉を口にする事は、ためらわれたようだ。

「じゃあ、行って来るし。」

玄関に立つ宏人に

「いってらっしゃい。待ってるし、すぐ電話してね。」

結果が分かったらすぐに、私学の入学金を納めなくてはならない。

「うん。」

宏人は、傘立てから青い傘をヒョイっとぬくと、たいして気が重そうでもない表情で
「行ってきます。」

と言ってニンマリ笑った。

……お母さん、分かってるって。覚悟はできてるし、私立があるから大丈夫やで、僕は
そう言いたそうな笑顔だった。

……そうやね。

と言う変わりに私もニンマリ笑った。

「いってらっしゃい。」

宏人の背中を送り出すと、一人になって急に心細くなってきた。部屋はシーンとして静まり返り、窓の外はまだ雨の気配。小さな箱に閉じ込められたような息苦しさを感じた。団地の一室で過ごした五年間。私達は、宏人は、とんでもない目に遭うためにここに来てしまっていたのかもしれない。過ごして来た日々が部屋の中で渦を巻いて駆け巡り、今私に辿り着いていた。

「はあ。」

……私立か。

私立高校の制服を着た宏人の姿を想像していた。受験した私立高校は家からも近いし、通学しやすい場所にあった。朝のトラブルを抱えてる宏人にとっては、好条件の高校といえる。

公立の願書を出したとき、教師は希望校名の書かれた書類を見て

「お前、こんな遠い高校を受けて通学できるんか？」

と聞いたそうだ。毎朝お腹が痛くなる宏人は、中学さえ定時に登校した事がなかった。それなのに自宅から自転車で三十分かかる、その高校を選んだことに教師はあきれていた。近くに三校ある公立高校のうち、もっとも入りやすい高校だったので、そこの名前を書かせたが、教師は

「どうせ受けるなら、通学しやすい高校にしとけ。」

と言ったそうだ。帰って来た宏人からその話を聞いて

「えっ。受験校変えたん。」

と驚いてしまった。親には何の相談もなく、教師はその場で受験校を変えさせた。

……どうせ、ダメ元で受けるんだから、合格する確率なんて問題にもならないって事か。

と思った。今さら何を言っても、もう願書は出されてしまった後だったので、訂正のしようもない。受験校を変えた事で、さらに公立高校への道は遠ざかってしまった。教師にしてみれば、万に一つの奇跡が起きるなら、高校のレベルは関係ないとでも思ったのだろうか。

台所に一人座ってカレンダーを眺めながら、入学金を納める日、制服の採寸の日、等を確かめながら、数分置きに時計の針を見ていた。

今頃、高校に着いたころかな。雨の中、傘をさしたたくさんの受験生に混じって宏人は、青い傘を手に立っているのだろうか。握りしめた受験票の番号を確かめ、上から順番に番号を目で追って、自分の番号だけがない事を確認した時、分かっていても宏人はガッカリするのだろう。しょぼ降る雨音に混じって周りの受験生が合格の歓喜を上げる中で、独り。

……不合格になるのは、分かってたことやしな。

と自分に言い聞かせながら、人だかりから遠ざかって行くのか。その姿を想像すると、少し不憫に思えた。やはり教師が言う通り私立一本にしておけば良かった。今さら思っても仕方のない事を、半ば後悔しながら親のエゴで公立を受けさせた事を反省した。

雨は一日降り続くようで止む気配さえない。そのとき、携帯が鳴った。宏人からの着信音だ。

……かかってきた。

何と言って慰めたらいいのだろうか。まずは、ご苦労様。かな。そう思いながら深呼吸してボタンを押す。

「もしもし。」

「……」

「もしもし。」

「お母さん。あった。」

「……えっ。」

「番号があった！」

「嘘やん。ちゃんと見た。番号間違えてない？　もう一回見て。」

電話の向こう側の宏人は叫ぶように言った。

「何回も見た。友達にも見てもらった。受かってたんや。僕。めちゃくちゃ嬉しい。」

最後の方は涙ぐんでいるのが分かった。電話が遅かったのは、落胆したからではなく、何度も自分の受験番号を確認するのに時間がかかっていたからだった。

「おめでとう。よかったね。」

「うん。うん。」

頷く宏人は、もう言葉も出ない様子だった。まさか。あの高校に受かるとは思わなかった。教師がダメ元で受けるならと、受験校を変えた事は、結果として良い事になった。

宏人が合格して、一番驚いたのは担任の教師だったようだ。合否の報告を教室で待っていた教師は、ぞくぞくと合格の報告に来る生徒に儀礼的に
「おめでとう。」

「おめでとう。」

と言っていたそうだが、宏人が合格した事を告げると、目を丸くして一オクターブ高い声で
「エッ。お前、受かったたん！」

が最初の一声だったそうだ。

まさかの公立高校入学となった四月の始め。いらなくなった中学校の教科書を宏人と片付けていたとき。ボロボロになった問題集が出て来た。

「わあ。こんなにボロボロになって。よう勉強したんやね。」

驚く私に
「うん、結構がんばった。」

宏人は嬉しそうに答えていた。


一つ、自信をつけて新しい扉を開ける。これからも、まだまだ乗り越えて行かなければならない困難はあるだろうけれど、時にはケンカながらも、目の前の道を辿って行こう。

宏人。お前の命は、あの日亡くなっていたかもしれない。いや、亡くなるはずだったのかもしれない。でも、奇跡は起きてお前は命を取り戻した。そして、今を生きる事は、お前にとってなかったかもしれない時間の軌跡なのだろう。助けられた命は大事にしてほしい。でも、それを重荷に

せず生きて行こう。お母さんはこれからもずっと、お前の軌跡を見守っているよ。いつか私の手から遠く離れても、私は私の人生が終わるまで、お前を見守り続けるよ、宏人。

終わりに

事故が起きたあの日。

「同じ時間に救命センターへ、救急搬送された子が、もう一人いたのよ。」

ずっと後になって友人が教えてくれた。水難事故で溺れた女の子だったそうだ。しかし、その子は助からず亡くなった。同じ時間に救命センターに搬送された宏人は一命を取り留めて、もう十年が過ぎた。我が子を亡くした親の十年と、命を取り留めた子の親の十年。比べるべきものでもないが……。

子供を失った十年は、どんなにか長い時間だっただろう。そして振り返ってみると、生き残った命を支えるのも容易な事ではなかった。あの日、生死を分けた二人の子供がいたことを、私はずっと忘れない。その子の分まで……などとは言わないけれど。生きている。いや、生き残ったという現実を受け止めて明日も明後日も生きて行こう。人生には限りがあるのだとつくづく思う。だから、どんなことがあっても、どんな目に遭っても、命のある限り生きる。それが宏人の使命かもしれない。

長野　敏（ながの　とし）

1960年4月6日生まれ
山口県出身
名古屋女子大学卒業
京都在住

奇跡と軌跡

2015年11月8日発行

著　者　長野　敏
発行所　ブックウェイ
〒670-0933　姫路市平野町62
TEL.079（222）5372　FAX.079（244）1482
https://bookway.jp
印刷所　小野高速印刷株式会社

ISBN978-4-86584-360-6